René Guénon

AUTORIDAD ESPIRITUAL
Y PODER TEMPORAL

René Guénon
(1886-1951)

Autoridad espiritual y poder temporal
1929

Título original: "*Autorité spirituelle et pouvoir temporel*"
Primera publicación en 1929 - Paris, Vrin
Edición definitiva en 1947 – Paris, Éditions Véga

Publicado por
Omnia Veritas Ltd

www.omnia-veritas.com

PREFACIO 7
CAPITULO I 17

AUTORIDAD Y JERARQUÍA 17

CAPITULO II 32

FUNCIONES DEL SACERDOCIO Y DE LA REALEZA 32

CAPITULO III 52

CONOCIMIENTO Y ACCIÓN 52

CAPITULO IV 67

NATURALEZA RESPECTIVA DE LOS BRÂHMANES Y DE LOS
KSHATRIYAS 67

CAPITULO V 84

DEPENDENCIA DE LA REALEZA CON RESPECTO AL
SACERDOCIO 84

CAPITULO VI 100

LA REBELIÓN DE LOS KSHATRIYAS 100

CAPITULO VII 109

LAS USURPACIONES DE LA REALEZA Y SUS CONSECUENCIAS
.... 109

CAPITULO VIII 130

PARAÍSO TERRESTRE Y PARAÍSO CELESTE 130

CAPITULO IX 157

LA LEY INMUTABLE 157

PREFACIO

Nos no tenemos el hábito, en nuestros trabajos, de referirnos a la actualidad inmediata, pues lo que tenemos constantemente en vista, son los principios, que son, podríase decir, de una actualidad permanente, porque están fuera del tiempo; e incluso si salimos del dominio de la metafísica pura para considerar algunas aplicaciones, lo hacemos siempre de tal manera que esas aplicaciones conservan un alcance completamente general. Es lo que haremos también aquí; y, sin embargo, debemos convenir que las consideraciones que vamos a exponer en este estudio, ofrecen, además, un cierto interés más particular en el momento presente, en razón de las discusiones que se han suscitado en estos últimos tiempos sobre la cuestión de las relaciones de la religión y de la política, cuestión que, en ciertas condiciones determinadas, no es más que una forma especial tomada por la de las relaciones de lo espiritual y de lo temporal. Eso es verdad, pero sería un error creer que estas consideraciones nos han sido más o menos inspiradas por los incidentes a los cuales hacemos alusión, o que entendemos vincularlas directamente a los mismos, ya que eso sería acordar una importancia exagerada a cosas que no tienen más que un carácter puramente episódico y que no podrían influir sobre concepciones cuya naturaleza y origen son en realidad de un orden completamente diferente. Como nos esforzamos siempre en disipar de antemano todos los malentendidos que nos es posible prever, tenemos que descartar ante todo, tan clara y tan explícitamente como sea posible, esa falsa interpretación que algunos podrían dar a nuestro pensamiento, sea por pasión política o religiosa, o en virtud de algunas ideas preconcebidas, sea incluso por simple incomprensión del punto de vista en el cual nos colocamos. Todo lo que diremos aquí, lo habríamos dicho también, y exactamente de la misma manera, si los hechos que llaman hoy día la atención sobre la cuestión de lo espiritual y de lo temporal no se hubieran producido; las circunstancias presentes sólo nos han mostrado, más claramente que nunca, que era necesario y oportuno decirlo; han sido, si se quiere, la ocasión que nos ha llevado a exponer ahora algunas verdades preferentemente a muchas otras que nos proponemos formular igualmente si el tiempo no nos falta, pero que no parecen susceptibles de una aplicación tan inmediata; y a eso se ha limitado todo su papel en lo que nos concierne.

Lo que nos ha sorprendido sobre todo en las discusiones de que se trata, es que, ni por un lado ni por otro, nadie ha parecido preocuparse primero de situar las cuestiones sobre su verdadero terreno, de distinguir de una manera precisa entre lo esencial y lo accidental, entre los principios necesarios y las circunstancias contingentes; y, a decir verdad, la cosa no ha sido como para sorprendernos, pues no hemos visto ahí más que un nuevo ejemplo, junto a muchos otros, de la confusión que reina hoy día en todos los dominios, y que consideramos como eminentemente característica del mundo moderno, por las razones que hemos explicado en obras precedentes[1]. Sin embargo, no podemos impedirnos deplorar que esta confusión afecte incluso a los representantes de una autoridad espiritual auténtica, que parecen así perder de vista lo que debería constituir su verdadera fuerza, queremos decir la transcendencia de la doctrina en cuyo nombre están calificados

---

[1] *Oriente y Occidente* y *La Crisis del Mundo moderno.*

para hablar. Habría sido menester distinguir ante todo la cuestión de principio y la cuestión de oportunidad: sobre la primera, no hay nada que discutir, pues se trata de cosas pertenecientes a un dominio que no puede ser sometido a los procedimientos esencialmente "profanos" de la discusión, y, en cuanto a la segunda, que por lo demás no es más que de orden político y, podríase decir, diplomático, es en todo caso muy secundaria, e incluso, rigurosamente, no debe contar al respecto de la cuestión de principio; por consiguiente, hubiera sido preferible no dar siquiera al adversario la posibilidad de suscitarla, aunque sólo fuera sobre simples apariencias; agregaremos que, en cuanto a nos, la misma no nos interesa en modo alguno.

Así pues, por nuestra parte, entendemos colocarnos exclusivamente en el dominio de los principios; es lo que nos permite permanecer enteramente al margen de toda discusión, de toda polémica, de toda querella de escuela o de partido, cosas en las cuales no queremos ser mezclado ni de cerca ni de lejos, a ningún título ni a ningún grado. Permaneciendo absolutamente independiente de todo lo que no es la verdad pura y desinteresada, y bien decidido a mantenerlo, nos proponemos simplemente decir las cosas tales cuales son, sin la menor preocupación de agradar o de desagradar a nadie; no tenemos nada que esperar ni de los unos ni de los otros, y ni siquiera contamos con que los que podrían sacar alguna ventaja de las ideas que formulamos nos lo agradezcan de alguna manera; y, por lo demás, eso nos importa muy poco. Advertimos una vez más que no estamos dispuesto a dejarnos encerrar en ninguno de los cuadros ordinarios, y que sería perfectamente vano buscar aplicarnos una etiqueta cualquiera, puesto que, entre las que tienen curso en el mundo occidental, no hay ninguna que nos convenga en realidad; por otra parte, algunas insinuaciones que vienen simultáneamente de los lados más opuestos, nos han mostrado también muy recientemente que era bueno renovar esta declaración, a fin de que las gentes de buena fe sepan a qué atenerse y no sean inducidos a atribuirnos intenciones incompatibles con nuestra verdadera actitud y con el punto de vista puramente doctrinal que es el nuestro.

Es en razón de la naturaleza misma de este punto de vista, desprovisto de todas las contingencias, por lo que podemos considerar los hechos actuales de una manera tan completamente imparcial como si se tratara de acontecimientos pertenecientes a un pasado lejano, como los que trataremos sobre todo aquí cuando lleguemos a citar ejemplos históricos para esclarecer nuestra exposición. Debe entenderse bien que damos a este punto de vista, como lo decíamos desde el comienzo, un alcance completamente general, que rebasa todas las formas particulares que pueden revestir, según los tiempos y los lugares, el poder temporal e incluso la autoridad espiritual; y es menester precisar concretamente, sin más tardar, que esta última, para nos, no tiene necesariamente la forma religiosa, contrariamente a lo que es costumbre imaginar comúnmente en occidente. Dejamos a cada uno el cuidado de hacer de estas consideraciones la aplicación que juzgue conveniente al respecto de casos particulares, que nos abstenemos de considerar directamente; para ser legítima y válida, basta que esta aplicación se haga en un espíritu verdaderamente conforme a los principios de los que todo depende, espíritu que es el que nos llamamos el espíritu tradicional en el verdadero sentido de este término, y del cual, desafortunadamente, todas las tendencias específicamente modernas son la antítesis o la negación.

Es precisamente uno de los aspectos de la desviación moderna lo que vamos a tener que considerar, y, a este respecto, el presente estudio completará lo que hemos tenido ya la ocasión de explicar en las obras a las cuales hacíamos alusión hace un momento. Se verá por lo demás que, sobre esta cuestión de las relaciones de lo espiritual y de lo temporal, los errores que se han desarrollado en el curso de los últimos siglos están lejos de ser nuevos; pero al menos, sus manifestaciones anteriores jamás habían tenido sino efectos bastante limitados, mientras que hoy día esos mismos errores han devenido en cierto modo inherentes a la mentalidad común, hasta el punto de que forman parte integrante de un estado de espíritu que se generaliza cada vez más. En efecto, es eso lo que es más particularmente grave e inquietante, y, a menos que se opere un enderezamiento en breve plazo, es de prever que el mundo moderno será arrastrado a alguna catástrofe, hacia la cual parece marchar con una velocidad que crece sin cesar. Dado que hemos expuesto en otra parte las consideraciones que pueden justificar esta afirmación[2], no insistiremos

---

[2] *La Crisis del Mundo moderno.*

más en ello, y agregaremos solamente esto: si hay todavía, en las circunstancias presentes, alguna esperanza de salvación para el mundo occidental, parece que esta esperanza debe residir, al menos en parte, en el mantenimiento de la única autoridad tradicional que subsiste en él; pero para eso es necesario que esta autoridad tenga una plena consciencia de sí misma, a fin de que sea capaz de proporcionar una base efectiva a los esfuerzos que, de otro modo, se arriesgan a permanecer dispersos y faltos de coordinación. Al menos, ese es uno de los medios más inmediatos que pueden tomarse en consideración para una restauración del espíritu tradicional; hay otros sin duda, si este llega a faltar; pero, como esta restauración, que es el único remedio al desorden actual, es el propósito esencial que tenemos en vista desde que, saliendo de la pura metafísica, venimos a considerar las contingencias, es fácil comprender que no descuidemos ninguna de las posibilidades que se ofrecen para llegar a ello, incluso si esas posibilidades parecen no tener por el momento sino muy pocas oportunidades de realización. Es en eso, y en eso solamente, en lo que consisten nuestras verdaderas intenciones; todas las que podrían atribuírsenos, fuera de éstas, son perfectamente inexistentes; y, si algunos vinieran a pretender que las reflexiones que van a seguir nos han sido inspiradas por influencias exteriores cualesquiera que sean, nos les oponemos de antemano el más formal desmentido.

Dicho esto, porque sabemos por experiencia que tales precauciones no son inútiles, a continuación pensamos poder dispensarnos de toda alusión directa a la actualidad, a fin de hacer todavía más sensible y más incontestable el carácter estrictamente doctrinal que queremos conservar en todos nuestros trabajos. Sin duda, las pasiones políticas o religiosas no encontrarán aquí su tema en punto alguno, pero esa es una cosa de la cual no tendremos sino que felicitarnos, ya que en modo alguno se trata, para nos, de proporcionar un nuevo alimento a discusiones que nos parecen harto vanas, incluso bastante miserables, sino por el contrario, de recordar los principios cuyo olvido es, en el fondo, la única causa verdadera de todas esas discusiones. Lo repetimos, es nuestra independencia misma la que nos permite hacer esta puesta a punto con toda imparcialidad, sin concesiones ni compromisos de ningún tipo; y, al mismo tiempo, ella nos prohibe todo otro papel que el que acabamos de definir, ya que no puede mantenerse sino a condición de permanecer siempre en el dominio puramente intelectual, dominio que, por lo demás, es el de los principios esenciales e inmutables, y por consiguiente, aquel del cual todo el resto deriva más o menos directamente, y por el cual debe comenzar forzosamente el enderezamiento del que hablábamos hace un momento: fuera del vinculamiento a los principios, no pueden obtenerse más que resultados completamente exteriores, inestables e ilusorios; pero esto, a decir verdad, no es otra cosa que una de las formas de la afirmación misma de la supremacía de lo espiritual sobre lo temporal, que va a ser precisamente el objeto de este estudio.

CAPITULO I

AUTORIDAD Y JERARQUÍA

En épocas muy diversas de la historia, e incluso remontándonos mucho más allá de lo que se ha convenido en llamar los tiempos históricos, en la medida en que nos es posible hacerlo con la ayuda de los testimonios concordantes que nos proporcionan las tradiciones orales o escritas de todos los pueblos[3], encontramos los indicios de una oposición frecuente entre los representantes de dos poderes, uno espiritual y el otro temporal, cualesquiera que sean por lo demás las formas especiales que hayan revestido ambos poderes para adaptarse a la diversidad de las circunstancias, según las épocas y según los países.

---

[3] Estas tradiciones fueron siempre orales primeramente; a veces, como entre los celtas, jamás fueron escritas; su concordancia prueba a la vez la comunidad de origen, y por tanto, el vinculamiento a una tradición primordial, y la rigurosa fidelidad de la transmisión oral, cuyo mantenimiento es, en este caso, una de las principales funciones de la autoridad espiritual.

Sin embargo, esto no quiere decir que esta oposición y las luchas que la misma engendra sean "viejas como el mundo", según una expresión de la cual se abusa con demasiada frecuencia; eso sería una exageración manifiesta, ya que, para que las luchas en cuestión lleguen a producirse, ha sido menester, según la enseñanza de todas las tradiciones, que la humanidad haya llegado ya a una fase bastante alejada de la pura espiritualidad primordial. Por lo demás, en el origen, los dos poderes de que se trata no han debido existir en el estado de funciones separadas, ejercidas respectivamente por individualidades diferentes; por el contrario, debían estar contenidos entonces uno y otro en el principio común del cual proceden ambos, y del cual representaban solamente dos aspectos indivisibles, indisolublemente ligados en la unidad de una síntesis a la vez superior y anterior a su distinción. Esto es lo que expresa concretamente la doctrina hindú cuando enseña que no había primeramente más que una sola casta; el nombre de *Hamsa*, que se da a esta casta primitiva única, indica un grado espiritual muy elevado, hoy día completamente excepcional, pero que era entonces común a todos los hombres, que le poseían en cierto modo espontáneamente[4]; este grado está más allá de las cuatro castas que se han constituido ulteriormente, y entre las cuales se han repartido las diferentes funciones sociales.

El principio de la institución de las castas, tan completamente incomprendido por los occidentales, no es otra cosa que la diferencia de naturaleza que existe entre los individuos humanos, y que establece entre ellos una jerarquía cuyo desconocimiento no puede conducir más que

---

[4] La misma indicación se encuentra también claramente formulada en la tradición extremo-oriental, como lo muestra concretamente este pasaje de Lao-Tseu: "Los Antiguos, maestros, poseían la Lógica, la Clarividencia y la Intuición; esta Fuerza del Alma permanecía inconsciente; esta Inconsciencia de su Fuerza Interior daba a su apariencia la majestad... ¿Quién podría, en nuestros días, por su claridad majestuosa, clarificar las tinieblas interiores?. ¿Quién podría, en nuestros días, por su vida majestuosa, revivificar la muerte interior?. Ellos, llevaban la Vía (*Tao*) en su alma y fueron Individuos Autónomos; como tales, veían las perfecciones de sus debilidades" (*Tao-te-king*, c. XV, traducción de Alexandre Ular; también Tchoang-tseu, c. VI, que es el comentario de este pasaje). La "Inconsciencia" de la cual se habla aquí se refiere a la espontaneidad de ese estado, que no era entonces el resultado de ningún esfuerzo; y la expresión "Individuos Autónomos" debe entenderse en el sentido del sánscrito, *swêchchhâchârî*, es decir, "el que sigue su propia voluntad", o según otra expresión equivalente que se encuentra en el esoterismo islámico, "el que es él mismo su propia ley".

al desorden y a la confusión. Es precisamente este desconocimiento el que está implicado en la teoría "igualitaria" tan querida al mundo moderno, teoría que es contraria a todos los hechos mejor establecidos, y que es desmentida incluso por la simple observación corriente, puesto que la igualdad no existe en realidad en ninguna parte; pero éste no es el lugar para extendernos sobre ese punto ya tratado en otra parte[5]. Las palabras que sirven para designar la casta en la India, no significan otra cosa que "naturaleza individual"; con ello es menester entender el conjunto de los caracteres que se agregan a la naturaleza humana "específica", para diferenciar a los individuos entre sí; conviene agregar seguidamente que la herencia no entra nada más que en parte en la determinación de esos caracteres, sin lo cual todos los individuos de una misma familia serían exactamente semejantes, de suerte que la casta no es estrictamente hereditaria en principio, aunque lo más frecuentemente haya podido devenirlo de hecho y en su aplicación. Además, puesto que no podría haber dos individuos idénticos o iguales

---

[5] *La Crisis del Mundo moderno*, c. VI; por otra parte, sobre el principio de la institución de las castas, ver, *Introducción general al estudio de las doctrinas hindúes*, 3ª parte, c. VI.

bajo todas las relaciones, también hay diferencias forzosamente entre los que pertenecen a una misma casta; pero, del mismo modo que hay más caracteres comunes entre los seres de una misma especie que entre seres de especies diferentes, así hay también más caracteres comunes, en el interior de la especie, entre los individuos de una misma casta que entre los de castas diferentes; así pues, se podría decir que la distinción de las castas constituye, en la especie humana, una verdadera clasificación natural a la cual debe corresponder la repartición de las funciones sociales. En efecto, cada hombre, en razón de su naturaleza propia, es apto para desempeñar tales funciones definidas con la exclusión de tales otras; y, en una sociedad establecida regularmente sobre bases tradicionales, estas aptitudes deben ser determinadas siguiendo reglas precisas, a fin de que, por la correspondencia de los diversos géneros de funciones con las grandes divisiones de la clasificación de las "naturalezas individuales", y salvo excepciones debidas a errores de aplicación siempre posibles, pero reducidos en cierto modo al mínimo, cada uno se encuentre en el lugar que debe ocupar normalmente, y a fin de que así el orden social traduzca exactamente las relaciones jerárquicas que resultan de la naturaleza misma de los seres. Tal es, resumida en pocas palabras, la razón fundamental de la existencia de las castas; y es menester conocer de la misma al menos estas nociones esenciales para comprender las alusiones que seremos forzosamente llevado a hacer después, ya sea a su constitución tal y como existe en la India, ya sea a las instituciones análogas que se encuentran en otras partes, pues es evidente que los mismos principios, aunque con modalidades de aplicación diversas, han presidido en la organización de todas las civilizaciones que poseen un carácter tradicional.

La distinción de las castas, con la diferenciación de las funciones sociales a la cual corresponde, resulta en suma de una ruptura de la unidad primitiva; y es entonces cuando aparecen también, como separados el uno del otro, el poder espiritual y el poder temporal, que constituyen precisamente, en su ejercicio distinto, las funciones respectivas de las dos primeras castas, la de los brâhmanes y la de los kshatriyas. Por lo demás, entre estos dos poderes, como más generalmente entre todas las funciones sociales atribuidas en adelante a grupos diferentes de individuos, debía haber originariamente una perfecta armonía, por la cual la unidad primera era mantenida tanto como lo permitían las condiciones de existencia de la humanidad en nueva fase, ya que la armonía no es en suma más que un reflejo o una imagen de la verdadera unidad. No es sino en otro estado donde la distinción debía transformarse en oposición y en rivalidad, donde la armonía debía ser destruida y hacer sitio a la lucha de los dos poderes, aguardando a que las funciones inferiores pretendan a su vez a la supremacía, para desembocar finalmente en la confusión más completa, en la negación y en la inversión de toda jerarquía. La concepción general que acabamos de esbozar así, en sus grandes rasgos, es conforme a la doctrina tradicional de las cuatro edades sucesivas en las cuales se divide la historia de la humanidad terrestre, doctrina que no sólo se encuentra en la India, sino que era igualmente conocida por la antigüedad occidental, y especialmente por griegos y latinos. Estas cuatro edades son las diferentes fases que atraviesa la humanidad en su alejamiento del principio, y por tanto, de la unidad y de la espiritualidad primordial; son como las etapas de una suerte de materialización progresiva, necesariamente inherente al desarrollo de todo ciclo de manifestación, así como lo hemos explicado en otra parte[6].

Sólo en la última de estas cuatro edades, que la tradición hindú llama el *Kali-Yuga* o "edad sombría", y que corresponde a la época en que nos encontramos actualmente, ha podido producirse la subversión del orden normal, e, inmediatamente, el poder temporal ha podido predominar sobre el espiritual; pero las primeras manifestaciones de la rebelión de los kshatriyas contra la autoridad de los brâhmanes pueden remontarse mucho más atrás del comienzo de esta edad[7], comienzo que es, él mismo, muy anterior a todo lo que conoce la historia ordinaria o "profana". Esta oposición de los dos poderes, esta rivalidad de sus representantes respectivos, era representada entre los celtas bajo la figura de la lucha del jabalí y del oso, según un simbolismo de origen hiperbóreo, que se vincula a una de las tradiciones más antiguas de la humanidad, cuando no incluso a la primera de

---

[6] *La Crisis del Mundo moderno*, c. I.

[7] Se encuentra una indicación a este respecto en la historia de Parashu-Râma, quien, se dice aniquiló a los kshatriyas rebeldes, en una época en la que los antepasados de los hindúes habitaban todavía una región septentrional.

todas, a la verdadera tradición primordial; y este simbolismo podría dar lugar a amplios desarrollos, que no podrían encontrar sitio aquí, pero que tendremos quizás la ocasión de exponer algún día[8].

En lo que va a seguir, no tenemos la intención de remontarnos hasta los orígenes, y todos nuestros ejemplos estarán tomados de épocas mucho más próximas de nosotros, comprendidas únicamente en lo que podemos llamar la última parte del *Kali-Yuga*, la que es accesible a la historia ordinaria, y que comienza exactamente en el siglo VI antes de la era cristiana. Para ello era no menos necesario dar estas nociones sumarias sobre el conjunto de la historia tradicional, sin las cuales lo demás no sería comprendido sino muy imperfectamente, ya que no se puede comprender verdaderamente una época cualquiera más que situándola en el lugar que ocupa en el todo del que

---

[8] Por otra parte, es menester decir que los dos símbolos del jabalí y del oso no aparecen siempre forzosamente en lucha o en oposición, sino que pueden también representar a veces los dos poderes espiritual y temporal, o las dos castas de los druidas y de los caballeros, en sus relaciones normales y armónicas, como se ve concretamente en la leyenda de Merlín y de Arturo, que, en efecto, son también el jabalí y el oso, así como lo explicaremos si las circunstancias nos permiten desarrollar este simbolismo en otro estudio.

ella es uno de los elementos; es así como, del modo en que hemos tenido que mostrarlo recientemente, los caracteres particulares de la época moderna no se explican más que si se considera a ésta como constituyendo la fase final del *Kali-Yuga*. Sabemos bien que este punto de vista sintético es enteramente contrario al espíritu de análisis que preside en el desarrollo de la ciencia "profana", la única que conocen la mayoría de nuestros contemporáneos; pero conviene precisamente afirmarle tanto más claramente cuanto que es más desconocido, y, por otra parte, éste es el único que pueden adoptar todos aquellos que, como nos, entienden atenerse estrictamente a la línea de la verdadera ortodoxia tradicional, sin ninguna concesión a ese espíritu moderno que, nunca lo repetiremos demasiado, no constituye más que uno con el espíritu antitradicional mismo.

Sin duda, la tendencia que prevalece actualmente es tratar de "legendarios", incluso de "míticos", los hechos de la historia más lejana, tales como aquellos a los que acabamos de hacer alusión, o incluso algunos otros que, sin embargo, son mucho menos antiguos, como algunos de los que podremos tratar después, porque escapan a los medios de investigación de que disponen los historiadores "profanos". Aquellos que piensan así, en virtud de hábitos adquiridos por una educación que, hoy día, no es con demasiada frecuencia más que una verdadera deformación mental, podrán al menos, si a pesar de todo han conservado algunas posibilidades de comprehensión, tomar estos hechos simplemente por su valor simbólico; en cuanto a nos, sabemos que este valor no les quita nada de su realidad propia en tanto que hechos históricos, sino que es en suma lo que más importa, porque les confiere una significación superior, de un orden mucho más profundo que el que pueden tener en sí mismos; en esto hay también un punto que requiere algunas explicaciones.

Todo lo que es, bajo cualquier modo que sea, participa necesariamente de los principios universales, y nada es sino es por participación en esos principios, que son las esencias eternas e inmutables contenidas en la permanente actualidad del Intelecto divino; por consiguiente, puede decirse que todas las cosas, por contingentes que sean en sí mismas, traducen o representan los principios a su manera y según su orden de existencia, pues, de otro modo, no serían más que una pura nada. Así, de un orden a otro, todas las cosas se encadenan y se corresponden para concurrir a la armonía universal y total, pues la armonía, como lo indicábamos ya más atrás, no es nada más que el reflejo de la unidad principial en la multiplicidad del mundo manifestado; y es esta correspondencia la que es el verdadero fundamento del simbolismo. Es por lo que las leyes de un dominio inferior pueden tomarse siempre para simbolizar las realidades de un orden superior, orden en el que tienen su razón profunda, y que es a la vez su principio y su fin; y, en esta ocasión, podemos señalar de pasada el error de las modernas interpretaciones "naturalistas" de las antiguas doctrinas tradicionales, interpretaciones que invierten pura y simplemente la jerarquía de las relaciones entre los diferentes órdenes de realidades. Por ejemplo, para no considerar más que una de las teorías más extendidas en nuestros días, los símbolos o los mitos jamás han tenido por papel representar el movimiento de los astros, aunque es cierto que se encuentran frecuentemente figuras inspiradas en éste y destinadas a expresar analógicamente algo completamente diferente, debido a que las leyes de ese movimiento traducen físicamente los principios metafísicos de los cuales dependen; y es precisamente en esto donde reposaba la verdadera astrología de los antiguos. Lo inferior puede simbolizar lo superior, pero la inversa es imposible; por lo demás, si el símbolo estuviera más alejado del orden sensible que lo que representa, en lugar de estar más próximo a él, ¿cómo podría desempeñar la función a la que está destinado, que es hacer la verdad más accesible al hombre proporcionándole un "soporte" a su concepción? Por otra parte, es bien evidente que el empleo de un simbolismo astronómico, para retomar el mismo ejemplo, no impide en modo alguno a los fenómenos astronómicos existir como tales y tener, en su orden propio, toda la realidad de la que son susceptibles; es exactamente la misma cosa para los hechos históricos, ya que éstos, como todos los demás, expresan según su modo las verdades superiores y se conforman a esta ley de correspondencia que acabamos de indicar. Estos hechos, ellos también, existen muy realmente como tales, pero, al mismo tiempo, son igualmente símbolos; y, bajo nuestro punto de vista, son mucho más dignos de interés en tanto que símbolos que en tanto que hechos; no puede ser de otro modo, desde que nos entendemos vincularlo todo a los principios, y es precisamente eso, como lo hemos explicado en otra parte[9], lo que distingue esencialmente la "ciencia sagrada" de la "ciencia profana". Si hemos insistido un poco sobre ello, es para que no se produzca ninguna confusión a este respecto: es menester saber poner cada cosa en el rango que le conviene normalmente; la historia, a condición de ser considerada como conviene, tiene, como todo lo demás, su lugar en el conocimiento integral, pero, bajo esta relación, no tiene valor sino en tanto que permite encontrar, en las contingencias mismas que son su objeto inmediato, un punto de apoyo para elevarse por encima de esas contingencias. En cuanto al punto de vista de la historia "profana", que se dedica exclusivamente a los hechos y no los rebasa, carece de interés a nuestros ojos, del mismo modo que todo lo que es del dominio de la simple erudición; así pues, no es en modo alguno como historiador, si se entiende en ese sentido, como nos consideramos los hechos, y es lo que nos permite no tener en cuenta ciertos prejuicios "críticos" particularmente queridos en nuestra época. Bien parece, por lo demás, que el empleo exclusivo de algunos métodos no haya sido impuesto a los

---

[9] *La Crisis del Mundo moderno*, c. IV.

historiadores modernos sino para impedirles ver claro en cuestiones que era menester no tocar, por la simple razón de que hubieran podido conducirles a conclusiones contrarias a las tendencias "materialistas" que la enseñanza "oficial" tenía por misión hacer prevalecer; va de suyo que, por nuestra parte, no nos sentimos obligado en modo alguno a guardar la misma reserva. Dicho esto, pensamos, poder abordar directamente el tema de nuestro estudio, sin entretenernos más en estas observaciones preliminares, que no tienen en suma más cometido que definir lo más claramente posible el espíritu en el cual le escribimos, y en el cual conviene igualmente leerle si se quiere comprender verdaderamente su sentido.

CAPITULO II

FUNCIONES DEL SACERDOCIO Y DE LA REALEZA

La oposición de los dos poderes espiritual y temporal, bajo una u otra forma, se encuentra en casi todos los pueblos, lo que no tiene nada de sorprendente, puesto que corresponde a una ley general de la historia humana, que se vincula por lo demás a todo el conjunto de esas "leyes cíclicas" a las cuales, en casi todas nuestras obras, hemos hecho frecuentes alusiones. Para los periodos más antiguos, esta oposición se encuentra habitualmente, en los datos tradicionales, expresada bajo una forma simbólica, como ya lo hemos indicado precedentemente en lo que concierne a los celtas; pero no es este aspecto de la cuestión el que nos proponemos especialmente desarrollar aquí. Retendremos sobre todo, por el momento, dos ejemplos históricos, tomados uno en oriente y el otro en occidente: en la India, el antagonismo de que se trata se encuentra bajo la forma de la rivalidad de los brâhmanes y de los kshatriyas, rivalidad de la que tendremos que retrazar algunos episodios; en la Europa de la Edad Media, aparece sobre todo como lo que se ha llamado la querella del sacerdocio y del imperio, aunque entonces haya tenido también otros aspectos más particulares, pero no menos característicos, como se verá después[10]. Sería por lo demás enormemente fácil constatar que la misma lucha se prosigue todavía en nuestros días, aunque, debido al desorden moderno y a la "mezcla de las castas", se complica con elementos heterogéneos que pueden disimularla a veces a las miradas de un observador superficial.

No es que se haya contestado, generalmente al menos y al margen de algunos casos extremos, que

---

[10] Podríanse encontrar sin esfuerzo muchos otros ejemplos, concretamente en oriente: en China, las luchas que se produjeron en algunas épocas entre los taoístas y los confucionistas, cuyas doctrinas respectivas se refieren a los dominios de los dos poderes, como lo explicaremos más adelante; en el Tíbet, la hostilidad testimoniada primeramente por los reyes al lamaísmo, lamaísmo que acabó no sólo por triunfar, sino por absorber completamente el poder temporal en la organización "teocrática" que existe todavía actualmente.

estos dos poderes, que podemos llamar el poder sacerdotal y el poder real, pues éstas son sus verdaderas denominaciones tradicionales, tengan uno y otro su razón de ser y su dominio propio. En suma, el debate no incide habitualmente más que sobre la cuestión de las relaciones jerárquicas que deben existir entre ellos; es una lucha por la supremacía, y esta lucha se produce invariablemente de la misma manera: después de haber estado primeramente sometidos a la autoridad espiritual, vemos a los guerreros, detentadores del poder temporal, rebelarse contra ella y declararse independientes de toda potestad superior, o incluso buscar subordinar a esta autoridad, de la que, sin embargo, habían reconocido en el origen tener su poder, y hacer de ella un instrumento al servicio de su propia dominación. Eso sólo puede bastar para mostrar que debe haber, en una tal rebelión, una inversión de las relaciones normales; pero la cosa se ve todavía mucho más claramente al considerar estas relaciones, no simplemente como las de dos funciones sociales más o menos claramente definidas y de las que cada una puede tener la tendencia bastante natural a afirmarse sobre la otra, sino como las de los dos dominios en los que se ejercen respectivamente esas funciones; en efecto, son las relaciones de estos dominios las que deben determinar lógicamente las relaciones de los poderes correspondientes.

Sin embargo, antes de abordar directamente esas consideraciones, todavía debemos formular algunas observaciones que facilitarán su comprensión, precisando el sentido de algunos términos de los que tendremos que servirnos constantemente; y eso es tanto más necesario cuanto que estos términos han tomado, en el lenguaje corriente, una significación bastante vaga y a veces muy alejada de su acepción primera. Primero, si hablamos de dos poderes, y si podemos hacerlo así en los casos en los que, por razones diversas, haya lugar a guardar entre ellos una suerte de simetría exterior, preferimos no obstante, lo más frecuentemente, y para marcar mejor la distinción, emplear, para el orden espiritual, la palabra "autoridad", antes que "poder", que entonces se reserva al orden temporal, al cual conviene más propiamente cuando se la quiere entender en el sentido estricto. En efecto, este término de "poder" evoca casi inevitablemente la idea de poderío o de fuerza, y sobre todo de una fuerza material[11], de un poderío que se manifiesta visiblemente hacia afuera y que se afirma por el empleo de medios exteriores; y tal es, por definición misma, el poder temporal[12]. Por el contrario, la autoridad espiritual, interior por esencia, no se afirma más que por sí misma, independientemente de todo apoyo sensible, y se ejerce en cierto modo invisiblemente; si se puede hablar también aquí de poderío o de fuerza, no es más que por transposición analógica, y, al menos en el caso de una autoridad espiritual en el estado puro, si puede decirse, es menester comprender bien que se trata entonces de un poderío o potestad completamente intelectual, cuyo nombre es "sabiduría", y de la única fuerza de la verdad[13].

---

[11] Por lo demás, podríase hacer entrar también en esta noción la fuerza de la voluntad, que no es "material" en el sentido estricto del término, pero que, para nos, también es del mismo orden, puesto que está esencialmente orientada hacia la acción.

[12] El nombre de la casta de los kshatriyas se deriva de *kshatra*, que significa "fuerza".

[13] En hebreo, la distinción que indicamos aquí está marcada por el empleo de raíces que se corresponden, pero que difieren por la presencia de las letras *kaph* y *qoph*, las cuales son respectivamente, por su interpretación jeroglífica, los signos de la fuerza espiritual y de la fuerza material, de donde, por una parte, el sentido de verdad, sabiduría, conocimiento y, por la otra, los de poderío o potestad,

Lo que requiere ser explicado también, e incluso un poco más largamente, son las expresiones, que hemos empleado hace un momento, de poder sacerdotal y de poder real; ¿qué es menester entender aquí exactamente por sacerdocio y por realeza?. Para comenzar por esta última, diremos que la función real comprende todo lo que, en el orden social, constituye el "gobierno" propiamente dicho, y eso aún cuando el gobierno en cuestión no tuviera la forma monárquica; esta función, en efecto, es la que pertenece en propiedad a toda la casta de los kshatriyas, y el rey no es más que el primero entre éstos. La función de la que se trata es doble en cierto modo: administrativa y jurídica por una parte, y militar por la otra, ya que debe asegurar el mantenimiento del orden a la vez dentro, como función reguladora y equilibrante, y fuera, como función protectora de la organización social; en diversas tradiciones, estos dos elementos constitutivos del poder real son simbolizados respectivamente por la balanza y la espada. Vemos por esto que el poder real es realmente sinónimo

---

posesión, dominación: tales son las raíces *hak* y *haq*, *kan* y *qan*, donde las primeras formas designan las atribuciones del poder sacerdotal, y las segundas las del poder real (Ver *El Rey del Mundo*, c. VI).

de poder temporal, incluso tomando este último en toda la extensión de la cual es susceptible; pero la idea mucho más restringida que el occidente moderno se hace de la realeza puede impedir que esta equivalencia aparezca inmediatamente, y es por lo que era necesario formular desde ahora esta definición, que jamás deberá perderse de vista en la continuación.

En cuanto al sacerdocio, su función esencial es la conservación y la transmisión de la doctrina tradicional, en la cual toda organización social regular encuentra sus principios fundamentales; esta función, por lo demás, es evidentemente independiente de todas las formas especiales que puede revestir la doctrina para adaptarse, en su expresión, a las condiciones particulares de tal pueblo o de tal época, y que no afectan en nada al fondo mismo de esta doctrina, el cual permanece por todas partes y siempre idéntico e inmutable, desde que se trata de tradiciones auténticamente ortodoxas. Es fácil comprender que la función del sacerdocio no es precisamente la que las concepciones occidentales, hoy día sobre todo, atribuyen al "clero" o a los "curas", o que al menos, si puede ser eso en una cierta medida y en algunos casos, también puede ser otra cosa completamente diferente. En efecto, lo que posee propiamente el carácter "sagrado", es la doctrina tradicional y lo que se refiere a ella directamente, y esta doctrina no toma siempre necesariamente la forma religiosa[14]; "sagrado" y "religioso" no equivalen pues en modo alguno, y el primero de estos dos términos es mucho más extenso que el segundo; si la religión forma parte del dominio "sagrado", éste comprende elementos y modalidades que no tienen absolutamente nada de religioso; y el sacerdocio, como su nombre indica, se refiere, sin ninguna restricción, a todo lo que puede decirse verdaderamente "sagrado".

Así pues, la verdadera función del sacerdocio es, ante todo, una función de conocimiento y de enseñanza[15], y por eso, como lo decíamos más atrás, su atributo propio es la sabiduría; ciertamente, algunas otras funciones más

---

[14] Por lo demás, se verá más adelante por qué la forma religiosa propiamente dicha es particular a occidente.

[15] Es en razón de esta función de enseñanza por lo que, en el *Purusha-sûkta* del *Rig-Vêda*, a los brâhmanes se les representa como correspondiendo a la boca de *Purusha*, considerado como el "Hombre Universal", mientras que los kshatriyas corresponden a sus brazos, porque sus funciones se refieren esencialmente a la acción.

exteriores, como el cumplimiento de los ritos, le pertenecen igualmente, porque requieren el conocimiento de la doctrina, en principio al menos, y porque participan del carácter "sagrado" que es inherente a ésta; pero estas funciones no son sino secundarias, contingentes y en cierto modo accidentales[16]. Si en el mundo occidental, lo

---

[16] A veces, el ejercicio de las funciones intelectuales por una parte y rituales por la otra ha dado nacimiento, en el sacerdocio mismo, a dos divisiones; se encuentra un ejemplo muy claro de ello en el Tíbet: "La primera de las dos grandes divisiones comprende a los que preconizan la observación de los preceptos morales y de las reglas monásticas como medio de salvación; la segunda engloba a todos aquellos que prefieren un método puramente intelectual (llamado "vía directa"), que libera al que la sigue de todas las leyes, cualesquiera que sean. Se hace necesario que un tabique perfectamente estanco separe a los adherentes de estos dos sistemas. Bien raros son los religiosos dedicados al primero que no reconocen que la vía virtuosa y la disciplina de las observancias monásticas, por excelentes, y, en muchos casos, por indispensables que sean, no constituyen sin embargo más que una simple preparación a una vía superior. En cuanto a los partidarios del segundo sistema, todos sin excepción, creen plenamente en los efectos bienhechores de una estricta fidelidad a las leyes morales y a las que son especialmente proclamadas para los miembros del Sangha (comunidad buddhica). Además, todos son unánimes también en declarar que el primero de los dos métodos es el más recomendable para la mayoría de los individuos" (Alexandra David-Neel, *Le Thibet mystique*, en la *Revue de Paris*, 15 de febrero de 1928). Hemos tenido que reproducir textualmente este pasaje, aunque algunas de las expresiones que se emplean en él hacen llamada a ciertas reservas: así, no hay ahí dos "sistemas", que, como

accesorio parece haber devenido la función principal, cuando no incluso la única, se debe a que la naturaleza real del sacerdocio se ha olvidado casi completamente; ello es uno de los efectos de la desviación moderna, negadora de la intelectualidad[17], desviación que, si no ha podido hacer desaparecer toda enseñanza doctrinal, al menos la ha "minimizado" y arrojado al último plano. Que la cosa no ha sido siempre así, el término mismo de "clérigo" proporciona la prueba de ello, ya que, originariamente, "clérigo", no significa otra cosa que "hombre que sabe"[18], y se

tales, se excluirían forzosamente; sino que el papel de medios contingentes que es el de los ritos y el de las observancias de todos los tipos y su subordinación en relación a la vía puramente intelectual están definidos ahí muy claramente, y de una manera que, por otra parte, es exactamente conforme a las enseñanzas de la doctrina hindú sobre el mismo punto.

[17] Pensamos que es casi superfluo recordar que tomamos siempre este término en el sentido en el que se refiere a la inteligencia pura y al conocimiento suprarracional.

[18] No es que sea legítimo extender la significación del término "clérigo" como la ha hecho M. Julien Benda en su libro *La Traición de los Clérigos*, ya que esta extensión implica el desconocimiento de una distinción fundamental, la misma que hay entre el "conocimiento sagrado" y el "saber profano"; la espiritualidad y la intelectualidad no tienen ciertamente el mismo sentido para M. Benda que para nos, pues él introduce en el domino que califica de espiritual muchas cosas que, a nuestros ojos, son de orden

opone a "laico", que designa al hombre del pueblo, es decir del "vulgo", asimilado al ignorante o al "profano", a quien no puede pedírsele sino que crea lo que no es capaz de comprender, porque es ese el único medio de hacerle participar en la tradición en la medida de sus posibilidades[19]. Es curioso notar que las gentes que, en nuestra época, se vanaglorian de llamarse "laicos", así como también los que se complacen en calificarse de "agnósticos", y, que por lo demás, son con frecuencia los mismos, con eso no hacen más que jactarse de su propia ignorancia; y, para que no se den cuenta de que tal es el sentido de las etiquetas

---

puramente temporal y humano, lo que no debe impedirnos, por otra parte, reconocer que se hallen en su libro consideraciones muy interesantes y justas bajo muchos aspectos.

[19] La distinción que se hace en el catolicismo entre la "Iglesia que enseña" y la "Iglesia enseñada" debería ser precisamente una distinción entre "los que saben" y "los que creen"; está distinción es eso en principio, pero en el estado presente de las cosas ¿lo es todavía? Nos limitamos a hacer la pregunta, ya que no es a nos a quien pertenece resolverla, y, por lo demás, tampoco tenemos los medios para ello; en efecto, si muchos indicios nos hacen temer que la respuesta debe ser negativa, no pretendemos sin embargo tener un conocimiento completo de la organización actual de la Iglesia católica, y no podemos sino expresar el deseo de que exista todavía, en su interior, un centro donde se conserve integralmente, no solamente la "letra", sino también el "espíritu" de la doctrina tradicional.

de las que hacen gala, es menester que esta ignorancia sea en efecto bien grande y verdaderamente irremediable.

Si el sacerdocio es, por esencia, el depositario del conocimiento tradicional, eso no quiere decir que tenga el monopolio del mismo, puesto que su misión no es sólo conservarle integralmente, sino también comunicarle a todos aquellos que son aptos para recibirle, distribuirle en cierto modo jerárquicamente según la capacidad intelectual de cada uno. Todo conocimiento de este orden tiene por tanto su fuente en la enseñanza sacerdotal, que es el órgano de su transmisión regular; y lo que aparece como más particularmente reservado al sacerdocio, en razón de su carácter de pura intelectualidad, es la parte superior de la doctrina, es decir, el conocimiento de los principios mismos, mientras que el desarrollo de algunas aplicaciones conviene mejor a las aptitudes de los demás hombres, a quienes sus funciones propias ponen en contacto directo y constante con el mundo manifestado, es decir, con el dominio al que se refieren estas aplicaciones. Por eso es por lo que en la India, por ejemplo, vemos que algunas ramas secundarias de la doctrina han sido estudiadas más especialmente por los kshatriyas, mientras que los brâhmanes no prestan a las mismas más que una importancia muy relativa, puesto que su atención está fijada sin cesar sobre el orden de los principios transcendentes e inmutables, principios de los que todo el resto no son más que consecuencias accidentales, o, si se toman las cosas en sentido inverso, sobre la meta suprema en relación a la cual todo el resto no son más que medios contingentes y subordinados[20]. Existen incluso libros tradicionales que están particularmente destinados al uso de los kshatriyas, porque representan aspectos doctrinales adaptados a su naturaleza propia[21]; hay "ciencias tradicionales" que

---

[20] Ya hemos tenido la ocasión en otra parte de señalar un caso al cual se aplica lo que decimos aquí: mientras que los brâhmanes se han dedicado siempre casi exclusivamente, al menos para su uso personal, a la realización inmediata de la "Liberación" final, los kshatriyas han desarrollado preferentemente el estudio de los estados condicionados y transitorios que corresponden a las diversas etapas de las dos "vías del mundo manifestado", llamadas *dêva-yâna* y *pitri-yâna* ("*El Hombre y su devenir según el Vêdânta*", 3ª edición, c. XXI).

[21] Tal es, en la India, el caso de los *Itihâsas* y de los *Purânas*, mientras que el estudio del *Vêda* concierne propiamente a los brâhmanes, porque se trata del principio de todo el conocimiento sagrado; por lo demás, se verá más adelante que la distinción de los objetos de estudio que convienen a las dos castas corresponden, de una manera general, a la de las dos partes de la tradición que, en la doctrina hindú, son llamadas *shruti* y *smriti*.

convienen sobre todo a los kshatriyas, mientras que la metafísica pura es el patrimonio de los brâhmanes[22]. Aquí no hay nada que no sea perfectamente legítimo, pues esas aplicaciones o adaptaciones forman parte también del conocimiento sagrado considerado en su integralidad, y por lo demás, aunque la casta sacerdotal no se interese en ellas, sin embargo son su obra, puesto que únicamente ella está calificada para controlar su perfecta conformidad con los principios. Por otra parte, puede ocurrir que los kshatriyas, cuando entran en rebelión contra la autoridad espiritual, desconozcan el carácter relativo y subordinado de esos conocimientos, conocimientos que al mismo tiempo consideran como su bien propio y que niegan haberlos recibido de los brâhmanes, y que finalmente lleguen incluso hasta pretenderlos superiores a los que son la posesión exclusiva de estos últimos. Lo que resulta de eso es, en las concepciones de los kshatriyas rebeldes, la inversión de las relaciones

---

[22] Hablamos siempre de los brâhmanes y los kshatriyas tomados en su conjunto; si hay excepciones individuales, ellas no suponen ningún atentado al principio mismo de las castas, y sólo prueban que la aplicación de este principio no puede ser más que aproximativa, sobre todo en las condiciones que son las del *Kali-Yuga*.

normales entre los principios y sus aplicaciones, o incluso a veces, en los casos más extremos, la negación pura y simple de todo principio transcendente; así pues, en todos los casos, se trata de la sustitución de la "metafísica" por la "física", entendiendo estas palabras en su sentido rigurosamente etimológico, o, en otros términos, lo que se puede llamar el "naturalismo", así como se verá mejor todavía en la continuación[23].

De esta distinción, en el conocimiento sagrado o tradicional, de dos órdenes que se pueden designar, de una manera general, como el de los principios y el de las aplicaciones, o también, según lo que acabamos de decir, como el orden "metafísico" y el orden "físico", se derivaba, en los misterios antiguos, tanto en occidente tanto como en oriente, la distinción de lo que se llamaba los "misterios mayores" y los "misterios menores", donde los "misterios menores" implicaban en

---

[23] Aunque hemos hablado aquí de brâhmanes y de kshatriyas, porque el empleo de estas palabras facilita enormemente la expresión de las cosas de que se trata, debe entenderse bien que todo lo que decimos aquí no se aplica únicamente a la India; y la misma precisión valdrá siempre que empleemos así estos mismos términos sin referirnos expresamente a la forma tradicional hindú; nos explicaremos más completamente sobre esto un poco más adelante.

efecto esencialmente el conocimiento de la naturaleza, y los "misterios mayores" el conocimiento de lo que está más allá de la naturaleza[24]. Esta misma distinción correspondía precisamente a la de la "iniciación sacerdotal" y de la "iniciación real", es decir, que los conocimientos que se enseñaban en estos dos tipos de misterios eran los que se consideraban como necesarios para el ejercicio de las funciones respectivas de los brâhmanes y de los kshatriyas, o de lo que era el equivalente de estas dos castas en las instituciones de los diversos pueblos[25]; pero, bien entendido, es

---

[24] Bajo un punto de vista un poco diferente, pero no obstante estrechamente ligado a éste, se puede decir también que los "misterios menores" conciernen solamente a las posibilidades del estado humano, mientras que los "misterios mayores" conciernen a los estados suprahumanos; pues la realización de estas posibilidades o de estos estados, conducen respectivamente al "Paraíso terrestre" y al "Paraíso celeste", así como lo dice Dante en un texto del *De Monarchia* que citaremos más adelante; y es menester no olvidar que, como el mismo Dante lo indica bastante claramente en su *Divina Comedia*, y como tendremos ocasión todavía de repetirlo después, el "Paraíso terrestre" no debe ser considerado, en realidad, más que como una etapa en la vía que conduce al "Paraíso celeste".

[25] En el antiguo Egipto, cuya constitución era claramente "teocrática", parece que el rey haya sido considerado como asimilado a la casta sacerdotal por el hecho de su iniciación a los misterios, y porque incluso haya sido tomado a veces entre los

el sacerdocio el que, en virtud de su función de enseñanza, confería igualmente las dos iniciaciones, y quien aseguraba así la legitimidad efectiva, no sólo de sus propios miembros, sino también la de aquellos de la casta a la cual pertenecía el poder temporal; y es de ahí, como lo veremos, de donde procede el "derecho divino" de los reyes[26]. Si ello es así, es porque la posesión de

---

miembros de esta casta; es al menos lo que afirma Plutarco: "Los reyes eran escogidos entre los sacerdotes o entre los guerreros, porque estas dos clases, la una en razón de su coraje, y la otra en virtud de su sabiduría, gozaban de una estima y de una consideración particulares. Cuando el rey era sacado de la clase de los guerreros, entraba desde su elección en la clase de los sacerdotes; entonces era iniciado a esa filosofía donde tantas cosas, bajo fórmulas y mitos que envolvían de una apariencia obscura la verdad y la manifestaban por transparencia, estaban ocultas" (*Isis y Osiris*, 9, traducción Mario Meunier). Se observará que el final de este pasaje contiene la indicación muy explícita del doble sentido de la palabra "revelación" (Ver *El Rey del Mundo*, p. 38, edic. francesa).

[26] Es menester agregar que, en la India, la tercera casta, la de los vaishyas, cuyas funciones propias son las del orden económico, es admitida también a una iniciación que le da derecho a las cualificaciones, que le son comunes también con las dos primeras, de *ârya* o "noble" y de *dwija* o "dos veces nacido"; los conocimientos que le convienen especialmente no representan por lo demás, en principio al menos, más que una porción restringida de los "misterios menores" tal y como acabamos de definirlos; pero no vamos a insistir sobre este punto, puesto que el tema del presente estudio no implica propiamente más que la consideración de las relaciones de las dos primeras castas.

los "misterios mayores" implica, *a fortiori* y como "por añadidura", la de los "misterios menores"; como toda consecuencia y toda aplicación está contenida en el principio del que procede, la función superior implica "eminentemente" las posibilidades de las funciones inferiores[27]; ello es así necesariamente en toda jerarquía verdadera, es decir, fundada sobre la naturaleza misma de los seres.

Hay también un punto que debemos señalar aquí, al menos sumariamente y sin insistir demasiado en él: al lado de las expresiones de "iniciación sacerdotal" y de "iniciación real", y, por así decir, paralelamente se encuentran también las de "arte sacerdotal" y de "arte real", que designan la puesta en obra de los conocimientos enseñados en las iniciaciones correspondientes, con todo el conjunto de las "técnicas" que dependen de sus

---

[27] Puede decirse pues que el poder espiritual pertenece "formalmente" a la casta sacerdotal, mientras que el poder temporal pertenece "eminentemente" a esta misma casta sacerdotal y "formalmente" a la casta real. Es así también como, según Aristóteles, las "formas" superiores contienen "eminentemente" a las "formas" inferiores.

dominios respectivos[28]. Estas designaciones se han conservado mucho tiempo en las antiguas corporaciones, y la segunda, la del "arte real", ha tenido incluso un destino bastante singular, pues se ha transmitido hasta la masonería moderna, en la que, por supuesto ya no subsiste, así como muchos otros términos y símbolos, más que como un vestigio incomprendido del pasado. En cuanto a la designación de "arte sacerdotal", ha desaparecido enteramente; sin embargo, convenía evidentemente al arte de los constructores de las catedrales de la Edad Media, por el mismo motivo que al de los constructores de los templos de la antigüedad; pero debió producirse después una confusión de los dos dominios, debida a la pérdida al menos parcial de la tradición, consecuencia ella misma de las usurpaciones de lo temporal sobre lo espiritual; y es así como se perdió hasta el nombre mismo del "arte sacerdotal", sin duda hacia la

---

[28] Es menester notar a este propósito que, entre los romanos, Jano, que era el dios de la iniciación a los misterios, era al mismo tiempo el dios de los *Collegia fabrorum*; esta aproximación es particularmente significativa desde el punto de vista de la correspondencia que indicamos aquí. —Sobre la transposición por la cual todo arte, así como también toda ciencia, puede recibir un valor propiamente "iniciático", ver *El Esoterismo de Dante*, pp. 12-15, edic. francesa.

época del renacimiento, que marca en efecto, bajo todas las relaciones, la consumación de la ruptura del mundo occidental con sus propias doctrinas tradicionales[29].

---

[29] Algunos fijan con precisión en la mitad del siglo XV la fecha de esta pérdida de la antigua tradición, que entrañó la reorganización, en 1459, de las cofradías de constructores sobre una nueva base, en adelante incompleta. Hay que destacar que es a partir de esta época cuando las iglesias dejaron de estar orientadas regularmente, y este hecho tiene, para aquello de lo que se trata, una importancia mucho más considerable de lo que se podría pensar a primera vista (ver *El Rey del Mundo*, pp. 96 y 123-124, edic. francesa).

CAPITULO III

Conocimiento y acción

Hemos dicho más atrás que las relaciones de los dos poderes espiritual y temporal deben estar determinadas por las de sus dominios respectivos; reducida así a su principio, la cuestión nos parece muy simple, pues no es otra cosa, en el fondo, que la de las relaciones del conocimiento y de la acción. Podríase objetar a eso que, según lo que acabamos de exponer, los detentadores del poder temporal deben poseer también normalmente un cierto conocimiento; pero, además de que no le poseen por sí mismos y de que le reciben de la autoridad espiritual, este conocimiento no incide más que sobre las aplicaciones de la doctrina, y no sobre los principios mismos; así pues, hablando propiamente, no es más que un conocimiento por participación. El conocimiento por excelencia, el único que merece verdaderamente este nombre en la plenitud de su sentido, es el conocimiento de los principios, independientemente de toda aplicación contingente, y es éste el que pertenece exclusivamente a aquellos que poseen la autoridad espiritual, porque no hay nada en él que provenga del orden temporal, entendido incluso en su acepción más amplia. Por el contrario, cuando se pasa a las aplicaciones, uno se refiere a ese orden temporal, porque el conocimiento ya no se considera entonces únicamente en sí mismo y por sí mismo, sino en tanto que da a la acción su ley; y es en esta medida en la que el conocimiento es necesario a aquellos cuya función propia es esencialmente del dominio de la acción.

Es evidente que el poder temporal, bajo sus diversas formas, militar, judicial y administrativa, está comprometido por completo en la acción; así pues, por sus atribuciones mismas, está encerrado en los mismos límites que ésta, es decir, en los límites del mundo que se puede llamar propiamente "humano", comprendiendo por lo demás en este término posibilidades mucho más extensas que aquellas que se consideran lo más habitualmente. Por el contrario, la autoridad espiritual se funda toda entera sobre el conocimiento, puesto que, como se ha visto, su función esencial es la conservación y la enseñanza de la doctrina, y su dominio es ilimitado como la verdad misma[30]; lo que le está reservado por la naturaleza misma de las cosas, lo que no puede comunicar a los hombres cuyas funciones son de otro orden, y eso porque sus posibilidades no lo implican, es el conocimiento transcendente y "supremo"[31], conocimiento que rebasa el domino "humano" e incluso, más generalmente, el mundo manifestado, y que ya no es "físico", sino "metafísico" en el sentido etimológico de este término. Debe comprenderse bien que no se trata de una voluntad de la casta sacerdotal de guardar para ella sola el conocimiento de ciertas verdades, sino de una necesidad que resulta directamente de las diferencias de naturaleza existentes entre los seres, diferencias que, ya lo hemos dicho, son la razón de ser y el fundamento de la distinción de las castas. Los hombres que están hechos para la acción no están hechos para el puro conocimiento, y, en una sociedad constituida sobre bases

---

[30] Según la doctrina hindú, los tres términos "Verdad, Conocimiento, Infinito" están identificados en el Principio supremo: es el sentido de la fórmula *Satyam Jnânam Anantam Brahma*.

[31] Según su objeto o su dominio, en la India el conocimiento (*vidyâ*) se distingue en "supremo" (*parâ*) y "no-supremo" (*aparâ*).

verdaderamente tradicionales, cada uno debe desempeñar la función para la cual está realmente "cualificado"; de otro modo, todo es confusión y desorden, ninguna función es desempeñada como debería serlo, y es precisamente lo que se produce en la época actual.

Sabemos bien que, en razón de esta confusión misma, las consideraciones que exponemos aquí no pueden parecer sino enormemente extrañas al mundo occidental moderno, donde lo que se llama "espiritual" no tiene, lo más frecuentemente, más que una relación muy lejana con el punto de vista estrictamente doctrinal y con el conocimiento desprendido de todas las contingencias. Sobre este punto, se puede incluso hacer una observación bastante curiosa: hoy día ya nadie se contenta en distinguir lo espiritual y lo temporal como es legítimo e incluso necesario hacerlo, sino que se tiene la pretensión de separarlos radicalmente; y se encuentra justamente que los dos órdenes jamás han estado mezclados como lo están al presente, y que, sobre todo, las preocupaciones temporales jamás han afectado tanto a lo que debería ser absolutamente independiente de ellas; sin duda es inevitable que ello sea así, en razón de las condiciones mismas que son las de nuestra época, y que hemos descrito en otra parte. Así pues, para evitar toda falsa interpretación, debemos declarar claramente que lo que decimos aquí no concierne más que a lo que llamábamos más atrás la autoridad espiritual en el estado puro, y que sería menester guardarse bien de buscar ejemplos de ella a nuestro alrededor. Si se quiere, se podrá pensar incluso que aquí no se trata más que de un tipo teórico y en cierto modo "ideal", aunque, a decir verdad, esta manera de considerar las cosas no sea enteramente la nuestra; reconocemos que de hecho, en las aplicaciones históricas, es menester tener en cuenta siempre las contingencias en una cierta medida, pero, sin embargo, nos no tomamos la civilización del occidente moderno más que por lo que ella es, es decir, por una desviación y una anomalía, que se explica por lo demás por su correspondencia con la última fase del *Kali-Yuga*.

Pero volvamos de nuevo a las relaciones del conocimiento y de la acción; hemos tenido ya la ocasión de tratar esta cuestión con un cierto desarrollo[32], y, por consiguiente, no repetiremos aquí todo lo que hemos dicho entonces; pero, sin embargo, es indispensable recordar al menos los

---

[32] *La Crisis del Mundo moderno*, c. III.

puntos más esenciales. En el estado presente de cosas, hemos considerado la antítesis de oriente y de occidente como pudiendo reducirse en suma a esto: oriente mantiene la superioridad del conocimiento sobre la acción, mientras que el occidente moderno afirma al contrario la superioridad de la acción sobre el conocimiento, cuando no llega hasta la negación completa de éste; decimos el occidente moderno sólo, ya que la cosa fue muy diferente en la antigüedad y en la Edad Media. Todas las doctrinas tradicionales sean orientales u occidentales, son unánimes en afirmar la superioridad e incluso la transcendencia del conocimiento en relación a la acción, al respecto de la cual juega en cierto modo el papel del "motor inmóvil" de Aristóteles, lo que, bien entendido, no quiere decir que la acción no tenga también su lugar legítimo y su importancia en su orden, pero este orden no es más que el de las contingencias humanas. El cambio sería imposible sin un principio del cual procede y que, por eso mismo de que es su principio, no puede estarle sometido, ya que es forzosamente "inmóvil", siendo como es el centro de la "rueda de las cosas"[33]; del mismo modo, la acción, que pertenece al mundo del cambio, no puede tener su principio en sí misma; toda la realidad de la que es susceptible, la saca de un principio que está más allá de su dominio, y que no puede encontrarse más que en el conocimiento. En efecto, sólo éste permite salir del mundo del cambio o del "devenir" y de las limitaciones que le son inherentes, y, cuando ha alcanzado lo inmutable, lo que es el caso del conocimiento principial o metafísico, que es el conocimiento por excelencia[34], posee en sí mismo la inmutabilidad, pues todo conocimiento verdadero es esencialmente identificación con su objeto. La autoridad espiritual, debido a que implica este conocimiento, posee también en sí misma la inmutabilidad; por el contrario, el poder temporal está sometido a todas las vicisitudes de lo

---

[33] El centro inmóvil es la imagen del principio inmutable, y el movimiento se toma aquí para simbolizar el cambio en general, del cual no es más que una especie particular.

[34] Por el contrario, el conocimiento "físico" no es más que el conocimiento de las leyes del cambio, leyes que son solamente el reflejo de los principios transcendentes en la naturaleza; ésta, toda entera, no es otra cosa que el dominio del cambio; por lo demás, el latín *natura* y el griego νΛΦ4Η expresan uno y otro la idea de "devenir".

contingente y de lo transitorio, a menos que un principio superior no le comunique, en la medida compatible con su naturaleza y su carácter, la estabilidad que no puede tener por sus propios medios. Este principio no puede ser más que el que es representado por la autoridad espiritual; así pues, para subsistir, el poder temporal tiene necesidad de una consagración que le venga de la autoridad espiritual; es esta consagración la que hace su legitimidad, es decir, su conformidad al orden mismo de las cosas. Tal era la razón de ser de la "iniciación real", que hemos definido en el capítulo precedente; y es en eso en lo que consiste propiamente el "derecho divino" de los reyes, o lo que la tradición extremo-oriental llama el "mandato del Cielo": es el ejercicio del poder temporal en virtud de una delegación de la autoridad espiritual, a la cual este poder pertenece "eminentemente", así como lo explicábamos entonces[35]. Toda acción que no procede del conocimiento carece de principio y no es más que una vana agitación; del mismo modo, todo poder temporal que desconoce su subordinación frente a

---

[35] Es por lo que la palabra *melek*, que significa "rey" en hebreo y en árabe, tiene al mismo tiempo, e incluso en primer lugar, el sentido de "enviado".

la autoridad espiritual es parecidamente vano e ilusorio; separado de su principio, no podrá ejercerse sino de una manera desordenada e irá fatalmente a su pérdida.

Puesto que acabamos de hablar del "mandato del Cielo", no estará fuera de propósito narrar aquí cómo, según Confucio mismo, debía cumplirse este mandato: "Los antiguos príncipes, para hacer brillar las virtudes naturales en el corazón de todos los hombres, se aplicaban antes a gobernar bien cada uno su propio principado. Para gobernar bien sus principados, ponían antes el buen orden en sus familias. Para poner el buen orden en sus familias, trabajaban antes en perfeccionarse a sí mismos. Para perfeccionarse a sí mismos, regulaban antes los movimientos de sus corazones. Para regular los movimientos de sus corazones, hacían antes su voluntad perfecta. Para hacer su voluntad perfecta, desarrollaban sus conocimientos lo más posible. Uno desarrolla sus conocimientos escrutando la naturaleza de las cosas. Una vez escrutada la naturaleza de las cosas, los conocimientos alcanzan su grado más alto. Habiendo llegado los conocimientos a su grado más alto, la voluntad deviene perfecta. Siendo la voluntad perfecta, los movimientos del corazón se regulan. Estando regulados los movimientos del corazón, todo el hombre está exento de defectos. Después de haberse corregido a sí mismo, se establece el orden en la familia. Reinando el orden en la familia, el principado es bien gobernado. Estando bien gobernado el principado, pronto todo el imperio goza de la paz"[36]. Se deberá reconocer que hay aquí una concepción del papel del soberano que difiere singularmente de la idea que uno puede hacerse de él en el occidente moderno, y que, por otra parte, hace mucho más difícil su desempeño, aunque le da también un alcance completamente diferente; y se observará, particularmente, que el conocimiento se indica expresamente como la condición primera del establecimiento del orden, incluso en el dominio temporal.

Es fácil comprender ahora que la inversión de las relaciones del conocimiento y de la acción, en una civilización, es una consecuencia de la usurpación de la supremacía por el poder temporal; éste, en efecto, debe pretender entonces que no hay ningún dominio que sea superior al suyo, el cual es precisamente el de la acción. Sin embargo, si las cosas se quedan ahí, no llegan

---

[36] *Ta-hio*, 1ª parte, traducción del P. Couvreur.

todavía hasta el punto en que las vemos actualmente, punto donde se niega todo valor al conocimiento; para que ello sea así, es menester que los kshatriyas mismos hayan sido desposeídos de su poder por las castas inferiores[37]. En efecto, como lo indicábamos precedentemente, los kshatriyas, incluso los rebeldes, tienen tendencia más bien a afirmar una doctrina truncada, falseada por la ignorancia o la negación de todo lo que rebasa el orden "físico", pero en la cual subsisten todavía algunos conocimientos reales, aunque inferiores; pueden incluso tener la pretensión de hacer pasar esta doctrina incompleta e irregular por la expresión de la verdadera tradición. Hay en eso una actitud que, aunque condenable al respecto de la verdad, no está desprovista todavía de una cierta grandeza[38]; por lo demás, términos como los

---

[37] En particular, el hecho de acordar una importancia preponderante a las consideraciones de orden económico, que es un carácter muy llamativo de nuestra época, puede considerarse como un signo de la dominación de los vaishyas, cuyo equivalente aproximado lo representa en el mundo occidental la burguesía; y, en efecto, ésta es la que domina desde la Revolución.

[38] Esta actitud de los kshatriyas rebeldes podría caracterizarse bastante exactamente por la designación de "luciferismo", que no debe confundirse con el "satanismo", aunque haya sin duda entre uno y otro una cierta conexión: el "luciferismo" es el rechazo del reconocimiento de una autoridad superior; el "satanismo" es la

de "nobleza", "heroísmo", "honor", ¿no son, en su acepción original, la designación de cualidades que son esencialmente inherentes a la naturaleza de los Khsatriyas? Por el contrario, cuando los elementos correspondientes a las funciones sociales de un orden inferior llegan a dominar a su vez, toda doctrina tradicional, incluso mutilada o alterada, desaparece enteramente; ni siquiera subsiste ya el menor vestigio de la "ciencia sagrada", y es el reino del "saber profano", es decir, de la ignorancia que se toma por ciencia y que se complace en su nada. Todo eso podría resumirse en estas pocas palabras: la supremacía de los brâhmanes mantiene la ortodoxia doctrinal; la revuelta de los kshatriyas lleva a la heterodoxia; pero, con la dominación de las castas inferiores, es la noche intelectual, y es ahí donde se encuentra hoy día occidente, que amenaza por otra parte con extender sus propias tinieblas sobre el mundo entero.

Se nos reprochará quizás hablar como si hubiera castas por todas partes, y extender indebidamente a toda organización social unas denominaciones que no convienen propiamente más que a la de la

---

inversión de las relaciones normales y del orden jerárquico; y éste es frecuentemente una consecuencia de aquél, como Lucifer ha devenido Satán después de su caída.

India; y sin embargo, puesto que estas denominaciones designan en suma funciones que se encuentran necesariamente en toda sociedad, no pensamos que ésta extensión sea abusiva. Es verdad que la casta no es solamente una función, que es también, y ante todo, aquello que, en la naturaleza de los individuos humanos, les hace aptos para desempeñar esa función preferentemente a toda otra; pero estas diferencias de naturaleza y de aptitudes existen también por todas partes donde hay hombres. La diferencia entre una sociedad donde hay castas, en el verdadero sentido de la palabra, y aquella donde no las hay, es que, en la primera, hay una correspondencia normal entre la naturaleza de los individuos y las funciones que ejercen, bajo la sola reserva de los errores de aplicación que no son en todo caso más que excepciones, mientras que, en la segunda, esta correspondencia no existe, o, al menos, no se encuentra más que accidentalmente; y este último caso es el que se produce cuando la organización social carece de base tradicional[39]. En los casos

---

[39] Apenas hay necesidad de hacer observar que las "clases" sociales, tales como se entienden hoy día en occidente, no tienen nada en común con las verdaderas castas y que todo lo más no son sino una especie de contrahechura sin valor ni alcance, puesto que en modo

normales, hay siempre algo comparable a la institución de las castas, con las modificaciones requeridas por las condiciones propias de tal o cual pueblo; pero la organización que encontramos en la India es la que representa el tipo más completo, en tanto que aplicación de la doctrina metafísica al orden humano, y sólo esta razón bastaría en suma para justificar el lenguaje que hemos adoptado, preferentemente a todo otro que hubiéramos podido tomar de instituciones que tengan, por su forma más especializada, un campo de aplicación mucho más limitado, y, por consiguiente, que no hubieran podido proporcionar las mismas posibilidades para la expresión de algunas verdades de orden completamente general[40]. Por lo demás, hay también otra razón, que, por ser más contingente, no es desdeñable, y que es ésta: es muy destacable que la organización social de la Edad Media haya estado calcada exactamente sobre la división de las castas, correspondiendo el clero a

---

alguno se funden sobre la diferencia de las posibilidades implícitas en la naturaleza de los individuos.

[40] La razón por la cual ello es así, es porque la doctrina hindú es, entre las doctrinas tradicionales que han subsistido hasta nuestros días, la que parece derivar más directamente de la tradición primordial; pero éste es un punto sobre el cual no vamos a insistir aquí.

los brâhmanes, la nobleza a los kshatriyas, el tercer estado a los vaishyas, y los siervos a los shûdras; no eran castas en toda la acepción de la palabra, pero esta coincidencia, que ciertamente no tiene nada de fortuito, no permite menos efectuar muy fácilmente una transposición de términos para pasar de uno a otro de estos dos casos; y esta precisión encontrará su aplicación en los ejemplos históricos que tendremos que considerar a continuación.

CAPITULO IV

NATURALEZA RESPECTIVA DE LOS BRÂHMANES Y DE LOS KSHATRIYAS

Sabiduría y fuerza, tales son los atributos respectivos de los brâhmanes y de los kshatriyas, o, si se prefiere, de la autoridad espiritual y del poder temporal; y es interesante notar que, en tiempos de los antiguos egipcios, el símbolo de la esfinge, en una de sus significaciones, reunía precisamente estos dos atributos considerados según sus relaciones normales. En efecto, la cabeza humana puede considerarse como figurando la sabiduría, y el cuerpo de león la fuerza; la cabeza es la autoridad espiritual que dirige, y el cuerpo es el poder temporal que actúa. Por otra parte, hay que destacar que la esfinge se representa siempre en reposo, puesto que el poder temporal se toma aquí en el estado "no-actuante", es decir, en su principio espiritual, en el que está contenido "eminentemente", y por consiguiente, sólo en tanto que posibilidad de acción, o, mejor todavía, en el principio divino que unifica lo espiritual y lo temporal, principio que está más allá de su distinción, y que es la fuente común de la que proceden los dos, aunque el primero directamente, y el segundo indirectamente y por la intermediación del primero. Encontramos en otra parte un símbolo verbal que, por su constitución jeroglífica, es un exacto equivalente de ése: es el nombre de los druidas, que se lee *dru-vid*, donde la primera raíz significa la fuerza, y la segunda la sabiduría[41]; y la reunión de los dos atributos en este nombre, como la de los dos elementos de la esfinge

---

[41] Por lo demás, este nombre tiene un doble sentido, que se refiere también a otro simbolismo: *dru* o *deru*, como el latín *robur*, designa a la vez la fuerza y el roble (en griego *ΔΛλ); por otra parte, *vid* es, como en sánscrito, la sabiduría o el conocimiento, asimilado a la visión, pero es también el muérdago; así, *dru-vid* es el muérdago del roble, que era en efecto uno de los principales símbolos del druidismo, y es al mismo tiempo el hombre en quien reside la sabiduría apoyada sobre la fuerza. Además, la raíz *dru*, como se ve por las formas sánscritas equivalentes *dhru* y *dhri*, implica también la idea de estabilidad, que es por lo demás uno de los sentidos del símbolo del árbol en general y del roble en particular; y este sentido de estabilidad corresponde aquí muy exactamente a la actitud de la esfinge en reposo.

en un solo y mismo ser, además de que marca que la realeza está implícitamente contenida en el sacerdocio, es sin duda un recuerdo de la época lejana en que los dos poderes estaban todavía unidos, en el estado de indistinción primordial, en su principio común y supremo[42].

A este principio supremo de los dos poderes, le hemos consagrado ya un estudio especial[43]; hemos indicado entonces cómo, de visible que era primeramente, ha devenido invisible y oculto, retirándose del "mundo exterior" a medida que éste se alejaba de su estado primordial, lo que debía ocasionar necesariamente la división aparente de los dos poderes. Hemos mostrado también cómo este principio, designado bajo nombres y símbolos diversos, se encuentra en todas las tradiciones, y cómo aparece concretamente en la tradición judeocristiana bajo las figuras de Melquisedec y de los Reyes Magos. Recordaremos solamente que, en el cristianismo, el reconocimiento de este principio único subsiste todavía, al menos teóricamente, y se

---

[42] En Egipto, la incorporación del rey al sacerdocio, que hemos señalado más atrás según Plutarco, era, por lo demás, como un vestigio de este antiguo estado de cosas.

[43] *El Rey del Mundo.*

afirma por la consideración de las dos funciones sacerdotal y real como inseparables una de otra en la persona misma de Cristo. Por lo demás, bajo un cierto punto de vista, estas dos funciones, referidas así a su principio, pueden considerarse en cierto modo como complementarias, y entonces, aunque la segunda, a decir verdad, tenga su principio inmediato en la primera, hay sin embargo entre ellas, en su indistinción misma, una suerte de correlación. En otros términos, desde que el sacerdocio no implica, de una manera habitual, el ejercicio efectivo de la realeza, es menester que los representantes respectivos del sacerdocio y de la realeza saquen su poder de una fuente común, que está "más allá de las castas"; la diferencia jerárquica que existe entre ellos consiste en que el sacerdocio recibe su poder directamente de esta fuente, con la cual está en contacto inmediato por su naturaleza misma, mientras que la realeza, en razón del carácter más exterior y propiamente terrestre de su función, no puede recibir el suyo más que por la intermediación del sacerdocio. Éste, en efecto, juega verdaderamente el papel de "mediador" entre el Cielo y la Tierra; y no carece de motivo el hecho de que la plenitud del sacerdocio haya recibido, en las tradiciones occidentales, el nombre simbólico de "pontificado", puesto que, así como lo dice San Bernardo, "el Pontífice, como lo indica la etimología de su nombre, es una suerte de puente entre Dios y el hombre"[44]. Así pues, si se quiere remontar al origen primero de los dos poderes sacerdotal y real, es en el "mundo celeste" donde es menester buscarle; por lo demás, esto puede entenderse real y simbólicamente a la vez[45]; pero esta cuestión es de aquellas cuyo desarrollo se

---

[44] *Tractatus de Moribus et Officio episcoporum*, III, 9. —A este propósito, y en relación con lo que ya hemos indicado sobre el tema de la esfinge, es de destacar que ésta representa a *Harmakhis* o *Hormakhouti*, el "Señor de los dos horizontes", es decir, el principio que une los dos mundos sensible y suprasensible, terrestre y celeste; y ésta es una de las razones por las que, en los primeros tiempos del cristianismo, la esfinge se consideró en Egipto como un símbolo de Cristo. Otra razón para este hecho, es que la esfinge, como el grifo del que habla Dante, es "el animal de dos naturalezas", que representa a este título la unión de las naturalezas divina y humana en Cristo; y puede encontrarse todavía una tercera razón en el aspecto bajo el cual figura, como lo hemos dicho, la unión de los dos poderes espiritual y temporal, sacerdotal y real, en su principio supremo.

[45] Aquí se trata de la concepción tradicional de los "tres mundos", que hemos explicado en otras partes en diversas ocasiones: bajo este punto de vista, la realeza corresponde al "mundo terrestre", el sacerdocio al "mundo intermediario", y su principio común al "mundo celeste"; pero conviene agregar que, desde que este principio ha devenido invisible a los hombres, el sacerdocio representa también exteriormente el "mundo celeste".

saldría del cuadro del presente estudio, y, si hemos dado esta breve apercepción de ella, es porque no podremos dispensarnos, a continuación, de hacer alusión a veces a esta fuente común de los dos poderes.

Para volver de nuevo a lo que ha sido el punto de partida de esta digresión, es evidente que los atributos de sabiduría y de fuerza se refieren respectivamente al conocimiento y a la acción; por otra parte, en la India, se dice todavía, en conexión con el mismo punto de vista, que el brâhman es el tipo de los seres estables, y que el kshatriya es el tipo de los seres cambiantes[46]; en otros términos, en el orden social, que está por lo demás en perfecta correspondencia con el orden cósmico, el primero representa el elemento inmutable, y el segundo el elemento móvil. Aquí también, la inmutabilidad es la del conocimiento, que por lo demás se figura sensiblemente por la postura inmóvil del hombre en meditación; por su lado, la movilidad es la que es inherente a la acción, en razón del carácter

---

[46] El conjunto de todos los seres, dividido así en estables y cambiantes, se designa en sánscrito por el término compuesto *sthâvara-jangama*; así, todos los seres, según su naturaleza, están principalmente en relación, ya sea con el brâhman, ya sea con el kshatriya.

transitorio y momentáneo de ésta. En fin, la naturaleza propia del brâhman y la del kshatriya se distinguen fundamentalmente por el predomino de un *guna* diferente; como lo hemos explicado en otra parte[47], la doctrina hindú considera tres *gunas*, cualidades constitutivas de los seres en todos sus estados de manifestación: *sattwa*, la conformidad a la pura esencia del Ser universal, que se identifica a la luz inteligible o al conocimiento, y que representa como una tendencia ascendente; *rajas*, la impulsión expansiva, según la cual el ser se desarrolla en un cierto estado y, en cierto modo, a un nivel determinado de la existencia; y finalmente, *tamas*, la obscuridad, asimilado a la ignorancia, y representado como una tendencia descendente. Los *gunas* están en perfecto equilibrio en la indiferenciación primordial, y toda manifestación representa una ruptura de ese equilibrio; estos tres elementos están en todos los seres, pero en proporciones diversas, que determinan las tendencias respectivas de esos seres. En la naturaleza del brâhman, es *sattwa* el que predomina, orientándole hacia los estados suprahumanos; en la del khsatriya, es *rajas*, que

---

[47] *El Hombre y su devenir según el Vêdânta*, c. IV.

tiende a la realización de las posibilidades comprendidas en el estado humano[48]. Al predominio de *sattwa* corresponde el de la intelectualidad; al predominio de *rajas* corresponde lo que, a falta de un término mejor, podemos llamar la sentimentalidad; y en esto hay también una justificación de lo que decíamos más atrás, es decir, que el kshatriya no está hecho para el puro conocimiento: la vía que le conviene es la vía que se podría llamar "devocional", si es posible servirse de una palabra tal para traducir, bastante imperfectamente por lo demás, el término sánscrito *bhakti*, es decir, la vía que toma como punto de partida un elemento de orden emotivo; y, aunque esta vía se encuentra fuera de las formas propiamente religiosas, el papel del elemento emotivo no se ha desarrollado en ninguna parte tanto como en éstas, donde afecta con un tinte especial a la expresión de la doctrina toda entera.

---

[48] A los tres *gunas* corresponden colores simbólicos: el blanco a *sattwa* el rojo a *rajas*, el negro a *tamas*; en virtud de la relación que indicamos aquí, los dos primeros de estos colores simbolizan también respectivamente la autoridad espiritual y el poder temporal. —Es interesante notar, a este propósito, que la "oriflana" de los reyes de Francia era roja; la sustitución ulterior del rojo por el blanco como color real marca, en cierto modo, la usurpación de uno de los atributos de la autoridad espiritual.

Esta última observación permite darse cuenta de la verdadera razón de ser de estas formas religiosas: las formas religiosas convienen particularmente a las razas cuyas aptitudes, de una manera general, se dirigen sobre todo por el lado de la acción, es decir, a las que, consideradas colectivamente, tienen en ellas una preponderancia del elemento "rajásico" que caracteriza a la naturaleza de los kshatriyas. Este caso es el del mundo occidental, y es por lo que, como lo hemos señalado ya en otra parte[49], se dice en la India que, si occidente volviera de nuevo a un estado normal y poseyera una organización social regular, se encontrarían en él muchos kshatriyas, pero pocos brâhmanes; por esto mismo la religión, entendida en su sentido más estricto, es una cosa propiamente occidental. Y esto es también lo que explica que en occidente no parezca haber ninguna autoridad espiritual pura, o que al menos no la haya que se afirme exteriormente como tal, con los caracteres que hemos precisado en lo que precede. No obstante, la adaptación religiosa, como la constitución de toda otra forma tradicional, es el hecho de una verdadera autoridad espiritual, en el sentido más completo de esta

---

[49] *La Crisis del Mundo moderno*, p. 45 (2ª edic. francesa).

palabra; y esta autoridad, que aparece entonces al exterior como religiosa, puede también, al mismo tiempo, permanecer otra cosa en sí misma, mientras haya en su seno verdaderos brâhmanes, y con esto entendemos una elite intelectual que guarde la consciencia de lo que está más allá de todas las formas particulares, es decir, de la esencia profunda de la tradición. Para una tal elite, la forma no puede jugar más que un papel de "soporte", y, por otra parte, proporciona un medio de hacer participar en la tradición a aquellos que no tienen acceso a la pura intelectualidad; pero éstos últimos, naturalmente, nada ven más allá de la forma, puesto que sus propias posibilidades individuales no les permiten ir más lejos, y, por consiguiente, la autoridad espiritual no tiene por qué mostrarse a ellos bajo otro aspecto que el que corresponde a su naturaleza[50], aunque su enseñanza, incluso exterior, esté siempre inspirada por el espíritu de la doctrina superior[51]. También, puede ocurrir que, una vez realizada la adaptación,

---

[50] Se dice simbólicamente que los dioses, cuando se aparecen a los hombres, revisten siempre formas que están en relación con la naturaleza misma de aquellos a quienes se manifiestan.

[51] Aquí también, se trata de la distinción, que ya hemos indicado más atrás, de "los que saben" y de "los que creen".

aquellos que son los depositarios de esta forma tradicional se encuentren ellos mismos encerrados después en ella, debido a la pérdida del conocimiento efectivo de lo que está más allá; por lo demás, eso puede deberse a circunstancias diversas, y sobre todo a la "mezcla de las castas", en razón de la cual pueden llegar a encontrarse entre ellos hombres que, en realidad, son en su mayor parte kshatriyas; por lo que acabamos de decir, es fácil comprender que este caso sea posible principalmente en occidente, y ello tanto más cuanto la forma religiosa puede prestarse a ello muy particularmente. En efecto, la combinación de elementos intelectuales y sentimentales que caracteriza a esta forma crea una suerte de dominio mixto, donde el conocimiento se considera mucho menos en sí mismo que en su aplicación a la acción; si la distinción entre la "iniciación sacerdotal" y la "iniciación real" no se mantiene de una manera muy clara y muy rigurosa, se tiene entonces un terreno intermediario donde pueden producirse toda suerte de confusiones, sin hablar de algunos conflictos que ni siquiera serían concebibles si el poder temporal tuviera al frente de él una autoridad espiritual pura⁵².

No vamos a buscar aquí cuál es, de las dos posibilidades que acabamos de indicar, aquella a la cual corresponde actualmente el estado religioso del mundo occidental, y la razón de ello es fácil de comprender: una autoridad religiosa no puede tener la apariencia de lo que llamamos una autoridad espiritual pura, incluso si tiene interiormente la realidad de ésta última; ésta realidad, ciertamente hubo un tiempo en el que la

---

⁵² Habiéndose olvidado el conocimiento "supremo", entonces ya no subsiste más que un conocimiento "no-supremo", no ya por el hecho de una rebelión de los kshatriyas como en los casos que hemos señalado precedentemente, sino por una suerte de degeneración intelectual del elemento que corresponde a los brâhmanes, no por su función, sino por su naturaleza; en este último caso, la tradición no es alterada como en el otro, sino sólo disminuida en su parte superior; el último grado de esta degeneración es aquel en el que ya no hay ningún conocimiento efectivo, donde únicamente subsiste la virtualidad de este conocimiento gracias a la conservación de la "letra", y donde ya no queda más que una simple creencia en todos indistintamente. Es menester agregar que los dos casos que separamos aquí teóricamente pueden también combinarse de hecho, o al menos producirse concurrentemente en un mismo medio y, por así decir, condicionarse recíprocamente; pero importa poco, ya que, sobre este punto, nos no entendemos hacer ninguna aplicación a hechos determinados.

poseyó, pero, ¿la posee todavía efectivamente?[53]. Eso sería tanto más difícil de decir cuando, puesto que la intelectualidad verdadera se ha perdido tan completamente como lo ha hecho en la época moderna, es natural que la parte superior e "interior" de la tradición devenga cada vez más oculta e inaccesible, puesto que aquellos que son capaces de comprenderla no son ya más que una ínfima minoría; no obstante, hasta que se pruebe lo contrario, queremos admitir que ello pueda ser así y que la consciencia de la tradición integral, con todo lo que la misma implica, subsista todavía efectivamente en algunos, por poco numerosos que sean. Por lo demás, incluso si esta consciencia hubiera desaparecido enteramente, por ello no sería menos cierto que toda forma tradicional regularmente constituida, por la sola conservación de la "letra" al abrigo de toda alteración, mantiene siempre la posibilidad de su restauración, que se producirá si se encuentran algún día, entre los representantes de esta forma tradicional, hombres que posean las aptitudes intelectuales requeridas. En todo caso, si, por medios cualesquiera,

---

[53] Esta pregunta corresponde, bajo otra forma, a la que formulábamos más atrás sobre el punto de la "Iglesia que enseña" y de la "Iglesia enseñada".

tuviéramos a este respecto datos más precisos, no tendríamos por qué exponerlos públicamente, a menos de ser llevado a ello por circunstancias excepcionales, y he aquí por qué: una autoridad que no es más que religiosa, en el caso más desfavorable, es todavía una autoridad espiritual relativa; queremos decir que, sin ser una autoridad espiritual plenamente efectiva, lleva en ella la virtualidad de la misma, virtualidad que tiene de su origen, y, por eso mismo, puede desempeñar siempre su función en el exterior[54]; así pues, desempeña legítimamente el papel de una autoridad espiritual plenamente efectiva frente al poder temporal, y debe ser considerada verdaderamente como tal en sus relaciones con éste. Aquellos que hayan comprendido nuestro

---

[54] Es menester destacar bien que los que desempeñan así la función exterior de brâhmanes, sin tener realmente las cualificaciones para ello, por eso no son en punto alguno usurpadores, como lo serían los kshatriyas rebeldes que hubieran tomado el lugar de los brâhmanes para instaurar una tradición desviada; en efecto, ahí no se trata más que de una situación debida a las condiciones desfavorables de un cierto medio, situación que asegura por otra parte el mantenimiento de la doctrina en toda la medida compatible con esas condiciones. Siempre se podría, incluso en la hipótesis más enojosa, aplicar aquí esta palabra del Evangelio: "Los escribas y fariseos se han sentado en la cátedra de Moisés; observad pues y haced todo lo que os dicen" (*San Mateo*, 2:3).

punto de vista podrán darse cuenta sin dificultad de que, en caso de conflicto entre una autoridad espiritual cualquiera que sea, incluso relativa, y un poder puramente temporal, siempre debemos colocarnos en principio del lado de la autoridad espiritual; decimos en principio, pues debe entenderse bien que no tenemos la menor intención de intervenir activamente en tales conflictos, ni sobre todo de tomar una parte cualquiera en las querellas del mundo occidental, lo que, por otra parte, no sería nuestra función en modo alguno.

Así pues, en los ejemplos que tendremos que considerar a continuación, no haremos distinción entre aquellos donde se trata de una autoridad espiritual pura y aquellos donde no puede tratarse más que de una autoridad espiritual relativa; en todos los casos, consideramos como autoridad espiritual aquella que desempeña socialmente su función; y por lo demás, las similitudes sorprendentes que presentan todos estos casos, por alejados que puedan estar los unos de los otros en la historia, justificarán suficientemente esta asimilación. No tendremos que hacer distinción más que si la cuestión de la posesión efectiva de la pura intelectualidad llegara a plantearse, y, de hecho, aquí no se plantea; del mismo modo, en lo que concierne a una autoridad vinculada exclusivamente a una cierta forma tradicional, no tendremos que preocuparnos de delimitar exactamente sus fronteras, si puede expresarse así, más que para los casos en los que pretendiera rebasarlas, y esos casos no son en modo alguno de aquellos que vamos a examinar al presente. Sobre este último punto, recordaremos lo que decíamos más atrás: lo superior contiene "eminentemente" a lo inferior; el que es competente en ciertos límites, que definen su dominio propio, lo es pues también *a fortiori* para todo lo que está más acá de esos mismos límites, mientras que, por el contrario, no lo es ya para lo que está más allá; si esta regla muy simple, al menos para quien tiene una justa noción de la jerarquía, fuera observada y aplicada como conviene, ninguna confusión de dominios y ningún error de "jurisdicción", por decirlo así, se produciría jamás. En las distinciones y reservas que acabamos de formular, algunos no verán, sin duda, más que precauciones de una utilidad bastante contestable, y otros serán tentados de no atribuirlas más que un valor todo lo más puramente teórico; pero pensamos que también hay otros que comprenderán que, en realidad, son cosas completamente diferentes de eso, e invitamos a estos últimos a reflexionar en ellas con una atención muy particular.

CAPITULO V

DEPENDENCIA DE LA REALEZA CON RESPECTO AL SACERDOCIO

Volvamos ahora a las relaciones de los brâhmanes y de los kshatriyas en la organización social de la India: a los kshatriyas pertenece normalmente todo el poder exterior, puesto que el dominio de la acción, que es el que les concierne directamente, es el mundo exterior y sensible; pero este poder no es nada sin un principio interior, puramente espiritual, que encarna la autoridad de los brâhmanes, y en el cual encuentra su única garantía real. Se ve aquí que la relación de los dos poderes podría representarse también como la de lo "interior" y de lo "exterior", relación que, en efecto, simboliza bien la del conocimiento y de la acción, o, si se quiere, la del "motor" y del "móvil", para retomar la idea que hemos expuesto más atrás, cuando nos hemos referido a la teoría aristotélica e igualmente a la doctrina hindú[55]. Es de la armonía entre este "interior" y este "exterior", armonía que, por otra parte, no debe concebirse en modo alguno como una suerte de "paralelismo", pues eso sería desconocer las diferencias esenciales de los dos dominios, es de esta armonía, decimos, de donde resulta la vida normal de lo que puede llamarse la entidad social, sin querer sugerir por el empleo de una tal expresión una asimilación cualquiera de la colectividad a un ser vivo, tanto más cuanto que, en nuestros días, algunos han abusado extrañamente de esta asimilación, tomando sin razón por una identidad verdadera lo que no es más que analogía y correspondencia[56].

---

[55] Podríase aplicar aquí también, como lo hacíamos entonces, la imagen del centro y de la circunferencia de la "rueda de las cosas".

[56] El ser vivo tiene en sí mismo su principio de unidad, superior a la multiplicidad de los elementos que entran en su constitución; nada hay de tal en la colectividad, que no es propiamente otra cosa que la suma de los individuos que la componen; por consiguiente, una palabra como la de "organización", cuando se aplica a uno y a otra, no puede tomarse rigurosamente en el mismo sentido. Sin embargo, se puede decir que la presencia de una autoridad espiritual introduce en la sociedad un principio superior a los individuos, puesto que esta autoridad, por su naturaleza y su origen, es ella misma "supraindividual"; pero esto supone que la sociedad ya no se considera sólo bajo su aspecto temporal, y esta consideración, la única que pueda hacer de ella algo más que una

A cambio de la garantía que da a su poder la autoridad espiritual, los kshatriyas deben, con la ayuda de la fuerza de que disponen, asegurar a los brâhmanes el medio de desempeñar en paz, al abrigo de la perturbación y de la agitación, su propia función de conocimiento y de enseñanza; es lo que el simbolismo hindú representa bajo la figura de Skanda, el Señor de la guerra, protegiendo la meditación de Ganêsha, el Señor del conocimiento[57]. Hay lugar a notar que se enseñaba la misma cosa, incluso exteriormente, en la Edad Media occidental; en efecto, santo Tomás de Aquino declara expresamente que todas las funciones humanas están subordinadas a la contemplación como a un fin superior, "de suerte que, si se consideran como es menester, todas parecen al servicio de los que contemplan la verdad", y que, en el fondo, el gobierno entero de la vida civil tiene como verdadera razón de ser

---

simple colectividad en el sentido que acabamos de decir, es precisamente de las que escapan más completamente a los sociólogos contemporáneos que pretenden identificar la sociedad a un ser vivo.

[57] Ganêsha y Skanda se representan por lo demás como hermanos, puesto que uno y otro son hijos de Shiva; ésta es también una manera de expresar que los dos poderes espiritual y temporal proceden de un principio único.

asegurar la paz necesaria para esta contemplación. Se ve cuán lejos está eso del punto de vista moderno, y se ve también que el predominio de la tendencia a la acción, tal como existe incontestablemente en los pueblos occidentales, no implica necesariamente la depreciación de la contemplación, es decir, del conocimiento, al menos mientras estos pueblos posean una civilización que tenga una carácter tradicional, cualquiera que sea por lo demás la forma que la tradición revista en ellos, y que aquí era una forma religiosa, de donde el matiz teológico que, en la concepción de santo Tomás, se vincula siempre a la contemplación, mientras que, en oriente, ésta se considera en el orden de la metafísica pura.

Por otra parte, en la doctrina hindú y en la organización social que es su aplicación, y por consiguiente en un pueblo donde las aptitudes contemplativas, entendidas esta vez en un sentido de pura intelectualidad, son manifiestamente preponderantes y están incluso generalmente desarrolladas hasta un grado que no se encuentra quizás en ninguna otra parte, el lugar que se hace a los kshatriyas, y por consiguiente a la acción, aunque es subordinado como debe serlo normalmente, no obstante está muy lejos de ser desdeñable, puesto que comprende todo lo que se puede llamar el poder aparente. Por lo demás, como lo hemos señalado ya en otra ocasión[58], aquellos que, bajo la influencia de las interpretaciones erróneas que tienen curso en occidente, dudaran de esta importancia muy real, aunque relativa, acordada a la acción por la doctrina hindú, así como por todas las demás doctrinas tradicionales, para convencerse de ello, no tendrían más que remitirse a la *Bhagavad-Gîtâ*, que, es menester no olvidarlo si se quiere comprender bien su sentido, es uno de esos libros que están especialmente destinados al uso de los kshatriyas y a los cuales hemos hecho alusión más atrás[59]. Los brâhmanes no tienen que ejercer más que una autoridad en cierto modo invisible, que, como tal, puede ser ignorada del vulgo, pero que por ello no es menos el principio inmediato de todo poder visible; esta autoridad es como el pivote

---

[58] *La Crisis del Mundo moderno*, p. 47 (2ª edic. francesa).

[59] Hablando propiamente, la *Bhagavad-Gîtâ* no es más que un episodio del *Mahâbhârata*, que es uno de los dos *Itihâsas*, siendo el otro el *Râmâyana*. Este carácter de la *Bhagavad-Gîtâ* explica el uso que se hace en ella de un simbolismo guerrero, comparable, bajo ciertos aspectos, al de la "guerra santa" en los musulmanes; por otra parte, hay una manera "interior" de leer este libro dándole su sentido profundo, y entonces toma el nombre de *Atmâ-Gîtâ*.

a cuyo alrededor giran todas las cosas contingentes, el eje fijo a cuyo alrededor cumple su revolución el mundo, el polo o el centro inmutable que dirige y regula el movimiento cósmico sin participar en él[60].

La dependencia del poder temporal con respecto a la autoridad espiritual tiene su signo visible en la consagración de los reyes: éstos no son realmente "legítimos" más que cuando han recibido del sacerdocio la investidura y la consagración, que implica la transmisión de una "influencia espiritual" necesaria para el ejercicio regular de sus funciones[61]. Esta influencia se manifestaba a veces al exterior por efectos

---

[60] El eje y el polo son ante todo símbolos del principio único de los dos poderes, como lo hemos explicado en nuestro estudio sobre *El Rey del Mundo*; pero estos símbolos también pueden aplicarse a la autoridad espiritual con respecto al poder temporal, como lo hacemos aquí, porque esta autoridad, en razón de su atributo esencial de conocimiento, tiene parte efectivamente en la inmutabilidad del principio supremo, que es lo que estos símbolos expresan fundamentalmente, y también porque, como lo decíamos más atrás, representa directamente este principio en relación al mundo exterior.

[61] Traducimos por "influencia espiritual" la palabra hebrea y árabe *barakah*; el rito de la "imposición de las manos" es uno de los modos más habituales de transmisión de la *barakah*, y también de producción de algunos efectos de curación, concretamente, por medio de ésta.

claramente sensibles, y citaremos como ejemplo de ello el poder de curación de los reyes de Francia, que estaba en efecto vinculado directamente a la consagración; este poder no era transmitido al rey por su predecesor, sino que le recibía solamente por el hecho de la consagración. Eso muestra bien que esta influencia no pertenece en propiedad al rey, sino que le es conferida por una suerte de delegación de la autoridad espiritual, delegación en la cual, como lo indicábamos más atrás, consiste propiamente el "derecho divino"; así pues, el rey no es más que su depositario, y, por consiguiente, puede perderla en algunos casos; es por esto por lo que, en la "Cristiandad" de la Edad Media, el Papa podía exonerar a los súbditos de su juramento de fidelidad a su soberano[62]. Por otra parte, en la tradición católica, San Pedro se representa teniendo entre sus manos, no sólo la llave de oro del poder sacerdotal, sino también la llave de plata del poder real; en tiempos de los antiguos romanos, estas dos llaves eran uno de los atributos de Janus,

---

[62] La tradición musulmana enseña también que la *barakah* puede perderse; por otra parte, en la tradición extremo-oriental igualmente, el "mandato del Cielo" es revocable cuando el soberano no desempeña regularmente sus funciones, en armonía con el orden cósmico mismo.

y eran entonces las llaves de los "misterios mayores" y de los "misterios menores", que, como lo hemos explicado, corresponden también respectivamente a la "iniciación sacerdotal" y a la "iniciación real"[63]. A este respecto, es menester destacar, que Jano representa la fuente común de los dos poderes, mientras que San Pedro es propiamente la encarnación del poder sacerdotal, al cual son transferidas así las dos llaves porque es por su intermediación como se transmite el poder real, mientras que, él mismo, es recibido directamente de la fuente[64].

---

[63] Según otro simbolismo, son también las llaves de las puertas del "Paraíso celeste" y del "Paraíso terrestre", como se verá por el texto de Dante que citaremos más adelante; pero no sería quizás oportuno, por el momento al menos, dar algunas precisiones en cierto modo "técnicas" sobre el "poder de las llaves", ni explicar otras cosas que se refieren a él más o menos directamente. Si hacemos aquí esta alusión al tema, es únicamente para que aquellos que tengan algún conocimiento de estas cosas vean bien que se trata en eso, por nuestra parte, de una reserva completamente voluntaria, a la cual no estamos obligado por lo demás por ningún compromiso respecto de lo que sea.

[64] Hay sin embargo, en lo que concierne a la transmisión del poder real, algunos casos excepcionales en los que, por razones especiales, es conferido directamente por representantes del poder supremo, fuente de los otros dos: es así como los reyes Saúl y David fueron consagrados, no por el Sumo Sacerdote, sino por el profeta Samuel. Se podrá aproximar esto a lo que hemos dicho en otra parte (*El Rey*

Lo que acaba de decirse define las relaciones normales de la autoridad espiritual y del poder temporal; y, si estas relaciones fueran observadas por todas partes y siempre, ningún conflicto podría suscitarse jamás entre la una y el otro, dado que cada uno ocupa así el lugar que debe convenirle en virtud de la jerarquía de las funciones y de los seres, jerarquía que, insistimos todavía en ello, es estrictamente conforme a la naturaleza misma de las cosas. Desafortunadamente, de hecho, la cosa está lejos de ser siempre así, y estas relaciones normales han sido muy frecuentemente desconocidas e incluso invertidas; a este respecto, importa notar primero que es ya un grave error considerar simplemente lo espiritual y lo temporal como dos términos correlativos o complementarios, sin darse cuenta que lo temporal tiene su principio en lo espiritual. Este error puede cometerse tanto más fácilmente cuanto que, como ya lo hemos indicado, esta consideración del complementarismo tiene también su razón de ser

---

del Mundo, c. IV) sobre el triple carácter de Cristo como profeta, sacerdote y rey, en relación con las funciones respectivas de los tres Reyes Magos, que corresponden, ellas mismas, a la división de los "tres mundos" que recordábamos en una nota precedente: la función "profética", porque implica la inspiración directa, corresponde propiamente al "mundo celeste".

bajo un cierto punto de vista, al menos en el estado de división de los dos poderes, donde uno no tiene en el otro su principio supremo y último, sino sólo su principio inmediato y todavía relativo. Así como lo hemos hecho observar en otra parte en lo que concierne al conocimiento y a la acción[65], este complementarismo no es falso, sino sólo insuficiente, porque no corresponde más que a un punto de vista que es todavía exterior, como lo es, por lo demás, la división misma de los dos poderes, necesitada por un estado del mundo en el que el poder único y supremo ya no está al alcance de la humanidad ordinaria. Se podría decir incluso que, cuando se diferencian, los dos poderes se presentan primero forzosamente en su relación normal de subordinación, y que su concepción como correlativos no puede aparecer sino en una fase ulterior de la marcha descendente del ciclo histórico; a esta nueva fase se refieren más particularmente algunas expresiones simbólicas que ponen en evidencia sobre todo el aspecto del complementarismo, aunque una interpretación correcta pueda hacer reconocer en ellas una indicación de la relación de subordinación. Tal es

---

[65] *La Crisis del Mundo moderno*, p. 44 (2ª edic. francesa).

concretamente el apólogo bien conocido, pero poco comprendido en occidente, del ciego y del paralítico, que representan en efecto, en una de sus principales significaciones, las relaciones de la vida activa y de la vida contemplativa: la acción librada a sí misma es ciega, y la inmutabilidad esencial del conocimiento se traduce al exterior por una inmovilidad comparable a la del paralítico. El punto de vista del complementarismo está figurado por la ayuda mutua de los dos hombres, cada uno de los cuales suple con sus propias facultades lo que le falta al otro; y, si el origen de este apólogo, o al menos la consideración más especial de la aplicación que se hace de él así[66], debe atribuirse al

---

[66] Hay otra aplicación del mismo apólogo, no ya social, sino cosmológica, que se encuentra en las doctrinas de la India, donde pertenece en propiedad al *Sânkhya* : allí, el paralítico es *Purusha*, en tanto que inmutable o "no-actuante", y el ciego es *Prakriti*, cuya potencialidad indiferenciada se identifica a las tinieblas del caos; son efectivamente dos principios complementarios, en tanto que polos de la manifestación universal, y proceden por lo demás, de un principio superior único, que es el Ser puro, es decir *Ishwara*, cuya consideración rebasa el punto de vista especial del *Sânkhya*. Para vincular esta interpretación a la que acabamos de indicar, es menester precisar que se puede establecer una correspondencia analógica de la contemplación o del conocimiento con *Purusha* y de la acción con *Prakriti*; pero naturalmente no podemos entrar aquí en la explicación de estos dos principios, y debemos

confucionismo, es fácil comprender que éste deba en efecto limitarse a este punto de vista, por eso mismo de que el confucionismo se queda exclusivamente en el orden humano y social. Haremos observar incluso, a este propósito, que, en China, la distinción del taoísmo, doctrina puramente metafísica, y del confucionismo, doctrina social, procedentes por lo demás uno y otro de una misma tradición integral que representa su principio común, corresponde muy exactamente a la distinción de lo espiritual y de lo temporal[67]; y es menester agregar que la importancia del "no-actuar" desde el punto de vista del taoísmo justifica muy especialmente, para quien lo considera desde el exterior[68], el símbolo

---

contentarnos con remitir a lo que hemos expuesto sobre este tema en *El Hombre y su devenir según el Vêdânta*.

[67] Esta división de la tradición extremo-oriental en dos ramas distintas se llevó a cabo en el siglo VI antes de la era cristiana, época cuyo carácter especial ya hemos tenido ocasión de señalar (*La Crisis del Mundo moderno*, pp. 18-21 edic. francesa), y que, por lo demás, la vamos a encontrar de nuevo a continuación.

[68] Decimos desde el exterior porque, desde el punto de vista interior, el "no-actuar" es en realidad la actividad suprema en toda su plenitud; pero, precisamente en razón de su carácter total y absoluto, esta actividad no se muestra hacia fuera como las actividades particulares, determinadas y relativas.

empleado en el apólogo en cuestión. Sin embargo, es menester poner atención a que, en la asociación de los dos hombres, es el paralítico el que juega el papel de director, y a que su posición misma, montado sobre las espaldas del ciego, simboliza la superioridad de la contemplación sobre la acción, superioridad que Confucio mismo estaba muy lejos de contestar en principio, como testimonia de ello el relato de su entrevista con Lao-tseu, tal y como nos ha sido conservado por el historiador Sse-ma-tsien; y él mismo confesaba que no había "nacido al conocimiento", es decir, que no había alcanzado el conocimiento por excelencia, que es el del orden metafísico puro, y que, como lo hemos dicho más atrás, pertenece exclusivamente, por su naturaleza misma, a los detentadores de la verdadera autoridad espiritual[69].

Así pues, si es un error considerar lo espiritual y lo temporal como simplemente correlativos, hay

---

[69] Se ve por ahí que no hay ninguna oposición de principio entre el taoísmo y el confucionismo, que no son y no pueden ser dos escuelas rivales, puesto que cada uno tiene su dominio propio y claramente distinto; no obstante, si hubo luchas, a veces violentas, como lo hemos señalado más atrás, fueron debidas sobre todo a la incomprensión y al exclusivismo de los confucionistas, olvidados del ejemplo que su maestro mismo les había dado.

otro, más grave todavía, que consiste en pretender subordinar lo espiritual a lo temporal, es decir, en suma el conocimiento a la acción; este error, que invierte completamente las relaciones normales, corresponde a la tendencia que es, de una manera general, la del occidente moderno, y evidentemente no puede producirse más que en un periodo de decadencia intelectual muy avanzada. En nuestros días, por lo demás, algunos van todavía más lejos en este sentido, hasta la negación del valor propio del conocimiento como tal, y también, por una consecuencia lógica, ya que las dos cosas son estrechamente solidarias, hasta la negación pura y simple de toda autoridad espiritual; este último grado de degeneración, que implica la dominación de las castas más inferiores, es uno de los signos característicos de la fase final del *Kali-Yuga*. Si consideramos en particular la religión, puesto que ésta es la forma especial que toma lo espiritual en el mundo occidental, la inversión de las relaciones puede expresarse de la manera siguiente: en lugar de mirar el orden social entero como derivando de la religión, como estando suspendido en cierto modo de ella y teniendo en ella su principio, como así era en la "Cristiandad" de la Edad Media, y como así es igualmente en el islam que le es muy comparable a este respecto, a lo sumo, hoy día nadie quiere ver en la religión más que uno de los elementos del orden social, un elemento entre los demás y al mismo título que los demás; es la servidumbre de lo espiritual a lo temporal, o incluso la absorción de lo espiritual en lo temporal, a la espera de la completa negación de lo espiritual que es su conclusión inevitable. En efecto, considerar las cosas de esta manera redunda forzosamente en "humanizar" la religión, queremos decir, en tratarla como un hecho puramente humano, de orden social o mejor "sociológico" para unos, y de orden más bien psicológico para otros; y entonces, a decir verdad, ya no es la religión, ya que ésta implica esencialmente algo de "suprahumano", a falta de lo cual no estamos ya en el dominio espiritual, puesto que lo temporal y lo humano son en realidad idénticos en el fondo, según lo que hemos explicado precedentemente; hay pues ahí una verdadera negación implícita de la religión y de lo espiritual, cualesquiera que puedan ser las apariencias, de tal suerte que la negación explícita y aseverada será menos la instauración de un nuevo estado de cosas que el reconocimiento de un hecho cumplido. Así, la inversión de las relaciones prepara directamente la supresión del término superior, y la implica ya al menos virtualmente, del mismo modo que la rebelión de los kshatriyas contra la autoridad de los brâhmanes, como vamos a verlo, prepara y llama por así decir al advenimiento de las castas más inferiores; y aquellos que hayan seguido nuestra exposición hasta aquí comprenderán sin esfuerzo que hay en esta aproximación algo más que una simple comparación.

CAPITULO VI

LA REBELIÓN DE LOS KSHATRIYAS

En casi todos los pueblos, en épocas diversas, y cada vez más frecuentemente a medida que nos acercamos a nuestro tiempo, los detentadores del poder temporal intentaron, como lo hemos dicho, hacerse independientes de toda autoridad superior, pretendiendo no tener su propio poder más que por sí mismos y separar completamente lo espiritual de lo temporal, cuando no incluso someter lo espiritual a lo temporal. En esta "insubordinación", en el sentido etimológico de la palabra, hay grados diferentes, grados de los que los más acentuados son también los más recientes, como lo hemos indicado en el capítulo precedente; las cosas nunca han llegado tan lejos en este sentido como en la época moderna, y sobre todo no parece que, anteriormente, las concepciones que se le corresponden bajo diversas relaciones se hayan incorporado nunca a la mentalidad general como lo han hecho en el curso de los últimos siglos. A propósito de esto, podríamos retomar concretamente lo que hemos dicho ya en otra parte sobre el "individualismo" considerado como característica del mundo moderno[70]: la función de la autoridad espiritual es la única que se refiere a un dominio supraindividual; así pues, desde que esta autoridad es desconocida, es lógico que el individualismo aparezca de inmediato, al menos como tendencia, cuando no como afirmación bien definida[71], puesto que todas las demás funciones sociales, comenzando por la función "gubernamental" que es la del poder temporal, son de orden puramente humano, y puesto que el individualismo es precisamente la reducción de la civilización entera únicamente a sus elementos humanos. Ocurre lo mismo con el "naturalismo", como lo indicábamos más atrás: la autoridad espiritual, debido a que está ligada al conocimiento metafísico y trascendente, es la única que tiene un carácter verdaderamente "sobrenatural"; todo el resto es de orden natural o "físico", así como lo

---

[70] *La Crisis del Mundo moderno*, c. V.

[71] Esta afirmación, cualquiera que sea la forma que tome, no es en realidad más que una negación más o menos disimulada, a saber, la negación de todo principio superior a la individualidad.

hacíamos observar en lo que concierne al género de conocimientos que, en una civilización tradicional, es principalmente el patrimonio de los kshatriyas. Por lo demás, el individualismo y el naturalismo son bastante estrechamente solidarios, pues, en el fondo, no son más que dos aspectos que toma una sola y misma cosa, según que se considere en relación al hombre o en relación al mundo; y se podría constatar, de una manera muy general, que la aparición de doctrinas "naturalistas" o antimetafísicas se produce cuando el elemento que representa el poder temporal toma, en una civilización, el predominio sobre el que representa la autoridad espiritual[72].

---

[72] Otro hecho curioso, que no podemos señalar sino de pasada, es el papel importante que juega lo más frecuentemente un elemento femenino, o representado simbólicamente como tal, en las doctrinas de los kshatriyas, ya sea que se trate por lo demás de las doctrinas constituidas regularmente para su uso o de las concepciones heterodoxas que ellos mismos hacen prevalecer; a este respecto, hay que destacar que la existencia de un sacerdocio femenino, en algunos pueblos, aparece ligada a la dominación de la casta guerrera. Este hecho puede explicarse, por una parte, por la preponderancia del elemento "rajásico" y emotivo en los kshatriyas, y sobre todo, por otra parte, por la correspondencia de lo femenino, en el orden cósmico, con *Prakriti* o la "Naturaleza primordial", principio del "devenir" y de la mutación temporal.

Es lo que ocurrió en la India misma, cuando los kshatriyas, no contentándose ya con ocupar el segundo rango en la jerarquía de las funciones sociales, aunque este segundo rango implicaba el ejercicio de todo el poder exterior y visible, se revelaron contra la autoridad de los brâhmanes y quisieron librarse de toda dependencia a su respecto. Aquí, la historia aporta una brillante confirmación a lo que decíamos más atrás, a saber, que el poder temporal se arruina a sí mismo cuando desconoce su subordinación frente a la autoridad espiritual, porque, como todo lo que pertenece al mundo del cambio, no puede bastarse a sí mismo, puesto que el cambio, sin un principio inmutable, es inconcebible y contradictorio. Toda concepción que niega lo inmutable, poniendo el ser entero en el "devenir", encierra en sí misma un elemento de contradicción; una tal concepción es eminentemente antimetafísica, puesto que el dominio metafísico es precisamente el de lo inmutable, el de lo que está más allá de la naturaleza o del "devenir"; y también podría ser llamada "temporal", para indicar con ello que su punto de vista es exclusivamente el de la sucesión; por lo demás, es menester destacar que el empleo mismo de la palabra "temporal", cuando se aplica al poder que se designa así, tiene por razón de ser significar que este poder no se extiende más allá de lo que está encerrado en la sucesión, de lo que está sometido al cambio. Las modernas teorías "evolucionistas", bajo sus diversas formas, no son los únicos ejemplos de este error que consiste en poner toda realidad en el "devenir", aunque las mismas le hayan aportado un matiz especial por la introducción de la reciente idea de "progreso"; teorías de este género han existido desde la antigüedad, concretamente entre los griegos, y este caso fue también el de algunas formas del budismo[73], que debemos considerar por otra parte como formas degeneradas o desviadas, aunque, en occidente, se haya tomado el hábito de considerarlas como representando el "budismo original". En realidad, cuanto más de cerca se estudia lo que es posible saber de éste, tanto más diferente aparece de la idea que se hacen de él los orientalistas; concretamente, parece bien establecido que no implicaba en modo alguno la

---

[73] Por esto es por lo que los budistas de estas escuelas recibieron el epíteto de *sarva-vainâshikas*, es decir, "los que sostienen la disolubilidad de todas las cosas"; esta disolubilidad es, en suma, un equivalente de la "emanación universal" enseñada por algunos "filósofos físicos" de Grecia.

negación del *Atmâ* o del "Sí mismo", es decir, del principio permanente e inmutable del ser, que es precisamente lo que tenemos sobre todo en vista aquí. Que ésta negación haya sido introducida ulteriormente en algunas escuelas del budismo indio por los kshatriyas rebeldes o bajo su inspiración, o que sólo hayan querido utilizarla para sus propios fines, es lo que no buscaremos decidir, pues eso importa poco en el fondo, y las consecuencias son las mismas en todos los casos[74]. En efecto, por lo que hemos expuesto, se ha podido ver el lazo tan directo que existe entre la negación de todo principio inmutable y la de la autoridad espiritual, entre la reducción de toda realidad al "devenir" y la afirmación de la supremacía de los kshatriyas; y es menester agregar que, al someter el ser entero al cambio, se le reduce por eso mismo al individuo, pues lo que permite rebasar la individualidad, lo que es trascendente en relación

---

[74] Contra lo que decimos aquí del budismo original y de una desviación ulterior, no se puede invocar el hecho de que Shâkya-Muni mismo perteneciera por su nacimiento a la casta de los kshatriyas, pues este hecho puede explicarse muy legítimamente por las condiciones especiales de una cierta época, condiciones que resultan de las leyes cíclicas. Por lo demás, a este respecto puede destacarse que Cristo también descendía, no de la tribu sacerdotal de Leví, sino de la tribu real de Judá.

a ésta, no puede ser más que el principio inmutable del ser; se ve pues muy claramente aquí esta solidaridad del naturalismo y del individualismo que hemos señalado hace un momento[75].

Pero la rebelión rebasó su propósito, y los kshatriyas no fueron capaces de detener, en el punto preciso en el que hubieran podido sacar ventaja de ello, el movimiento que habían desencadenado; fueron las castas más inferiores las que se aprovecharon de él en realidad, y eso se comprende fácilmente, puesto que, una vez que uno se ha arrojado a una tal pendiente, es imposible no descenderla hasta el fin. La negación del *Atmâ* no era la única que se había introducido en el budismo desviado; había también la de la distinción de las castas, base de todo el orden social tradicional; y esta negación, dirigida primeramente contra los brâhmanes, no debía tardar en revolverse contra los kshatriyas mismos[76]. En

---

[75] Se podría observar también que las teorías del "devenir" tienden bastante naturalmente a un cierto "fenomenismo", aunque, por lo demás, el "fenomenismo" en el sentido más estricto no sea, a decir verdad, más que una cosa completamente moderna.

[76] No puede decirse que el Buddha mismo haya negado la distinción de las castas, sino sólo que no tenía por qué tenerlas en cuenta, puesto que lo que tenía realmente en vista era la constitución de

efecto, desde que se niega la jerarquía en su principio mismo, ya no se ve cómo una casta cualquiera podría mantener su supremacía sobre las otras, y ni siquiera en el nombre de qué podría pretender imponerla; en estas condiciones, no importa quién puede estimar que tiene tantos derechos al poder como cualquier otro, por poco que disponga materialmente de la fuerza necesaria para apoderarse de él y para ejercerle de hecho; y, si no es más que una simple cuestión de fuerza material, ¿no es manifiesto que ésta debe encontrarse al más alto grado en los elementos que son a la vez los más numerosos y, por sus funciones, los más alejados de toda preocupación que toque, siquiera indirectamente, a la espiritualidad? Con la negación de las castas, la puerta estaba pues abierta a todas las usurpaciones; así, los hombres de la última casta, los shûdras, podían también, ellos mismos, aprovecharse de ello; de hecho, se ha visto a veces a algunos de entre ellos apoderarse de la realeza y, por una especie de "carambola" que estaba en la lógica de los

---

una orden monástica, en el interior de la cual esta distinción no se aplicaba; sólo cuando se pretendió extender esta ausencia de distinción a la sociedad exterior se transformó en una verdadera negación.

acontecimientos, desposeer a los kshatriyas del poder que les había pertenecido primero legítimamente, pero cuya legitimidad, por así decir, la habían destruido ellos mismos[77].

---

[77] Un gobierno en el que hombres de casta inferior se atribuyen el título y las funciones de la realeza es lo que los antiguos griegos llamaban "tiranía"; como se ve, el sentido primitivo de esta palabra está bastante alejado del que ha tomado entre los modernos, que lo emplean más bien como sinónimo de "despotismo".

CAPITULO VII

LAS USURPACIONES DE LA REALEZA Y SUS CONSECUENCIAS

Se dice a veces que la historia se repite, lo que es falso, pues no puede haber en el universo dos seres ni dos acontecimientos que sean rigurosamente semejantes entre sí bajo todas las relaciones; si lo fueran, no serían ya dos, sino que, coincidiendo en todo, se confundirían pura y simplemente, de suerte que no sería más que un único y mismo ser o un único y mismo acontecimiento[78]. La repetición de posibilidades idénticas implica una suposición contradictoria, a saber, la de una limitación de la posibilidad universal y total, y,

---

[78] Es eso lo que Leibnitz ha llamado el "principio de los indiscernibles"; como ya hemos tenido la ocasión de indicarlo, Leibnitz, contrariamente a los demás filósofos modernos, poseía algunos datos tradicionales, por lo demás fragmentarios e insuficientes para permitirle librarse de ciertas limitaciones.

como lo hemos explicado en otra parte con todos los desarrollos necesarios[79], es eso lo que permite refutar teorías como las de la "reencarnación" y del "eterno retorno". Pero otra opinión que no es menos falsa es la que, en el extremo opuesto de esa, consiste en pretender que los hechos históricos son enteramente desemejantes, que no hay nada de común entre ellos; la verdad es que hay siempre a la vez diferencias bajo algunas relaciones y semejanzas bajo otras, y que, como hay géneros de seres en la naturaleza, hay igualmente, tanto en este dominio como en todos los demás, géneros de hechos; en otros términos, hay hechos que son, en circunstancias diversas, manifestaciones o expresiones de una misma ley. Por ello es por lo que a veces se encuentran situaciones comparables, y por lo que, si se desdeñan las diferencias para no retener más que los puntos de similitud, pueden dar la ilusión de una repetición; en realidad, jamás hay identidad entre periodos diferentes de la historia, pero hay correspondencia y analogía, ahí como entre los ciclos cósmicos o entre los estados múltiples de un ser; y, de la misma manera que seres diferentes pueden pasar por fases

---

[79] *El Error espiritista*, 2ª parte, c. VI.

comparables, bajo la reserva de las modalidades que son propias a la naturaleza de cada uno de ellos, ocurre lo mismo con los pueblos y con las civilizaciones.

Así, como lo hemos señalado más atrás, a pesar de las enormes diferencias, hay una analogía incontestable, y que quizás nunca se ha destacado bastante, entre la organización social de la India y la de la Edad Media occidental; entre las castas de la una y las clases de la otra, no hay más que una correspondencia, no una identidad, pero esta correspondencia no es por ello menos importante, porque puede servir para mostrar, con una particular nitidez, que todas las instituciones que presentan un carácter verdaderamente tradicional reposan sobre los mismos fundamentos naturales y no difieren en suma más que por una adaptación necesaria a circunstancias diversas de tiempo y de lugar. Por lo demás, es menester destacar bien que con ello no entendemos sugerir en modo alguno la idea de que, en aquella época, Europa habría hecho una toma en préstamo directamente de la India, lo que sería muy poco verosímil; decimos sólo que hay ahí dos aplicaciones de un mismo principio, y, en el fondo, sólo eso importa, al menos bajo el punto de vista en el que nos colocamos al presente.

Por consiguiente, reservamos la cuestión de un origen común, que, en todo caso, no podría encontrarse ciertamente más que remontándose muy lejos en el pasado; esta cuestión se vincularía a la de la filiación de las diferentes formas tradicionales a partir de la gran tradición primordial, y en eso, se comprenderá sin esfuerzo, hay algo extremadamente complejo. No obstante, si señalamos esta posibilidad, es porque no pensamos que, de hecho, similitudes tan precisas puedan explicarse de una manera enteramente satisfactoria fuera de una transmisión regular y efectiva, y también porque encontramos en la Edad Media muchos otros indicios concordantes, que muestran bastante claramente que había, también en occidente, un lazo consciente, al menos para algunos, con el verdadero "centro del mundo", fuente única de todas las tradiciones ortodoxas, mientras que, por el contrario, no vemos nada de tal en la época moderna.

Así pues, también en Europa encontramos desde la Edad Media, el análogo de la rebelión de los kshatriyas; lo encontramos incluso más particularmente en Francia, donde, a partir de Felipe El Hermoso, que debe ser considerado como uno de los principales autores de la desviación característica de la época moderna, la realeza trabajó casi constantemente para hacerse independiente de la autoridad espiritual, aunque conservando sin embargo, por un singular ilogismo, la marca exterior de su dependencia original, puesto que, como lo hemos explicado, la consagración de los reyes no era otra cosa. Los "letrados" de Felipe El Hermoso son ya, mucho antes de los "humanistas" del Renacimiento, los precursores del "laicismo" actual; y es a esta época, es decir, al comienzo del siglo XIV, a la que es menester hacer remontar en realidad la ruptura del mundo occidental con su propia tradición. Por razones que sería muy largo exponer aquí, y que hemos indicado en otros estudios[80], pensamos que el punto de partida de esta ruptura estuvo marcado muy claramente por la destrucción de la Orden del Temple; recordaremos sólo que ésta constituía como un lazo entre oriente y occidente, y que, en occidente mismo, era, por su doble carácter religioso y guerrero, una suerte de lazo de unión entre lo espiritual y lo temporal, si es que este doble carácter no debe ser interpretado como el signo de una relación más directa con la fuente común de

---

[80] Ver concretamente El Esoterismo de Dante.

los dos poderes[81]. Quizás alguien estará tentado de objetar, que ésta destrucción, si fue querida por el rey de Francia, fue al menos realizada de acuerdo con el Papado; la verdad es que fue impuesta al Papado, lo que es completamente diferente; y es así como, invirtiendo las relaciones normales, el poder temporal comenzó desde entonces a servirse de la autoridad espiritual para sus fines de dominación política. Se dirá sin duda también que el hecho de que esta autoridad espiritual se dejara sojuzgar así, prueba que ya no era lo que hubiera debido ser, y que sus representantes tampoco tenían la plena consciencia de su carácter transcendente; eso es cierto, y, por lo demás, es lo que explica y justifica, en aquella época misma, las invectivas a veces violentas de Dante a su respecto; pero por ello no es menos cierto también que, frente al poder temporal, era a pesar de todo la autoridad espiritual, y que es de ella de donde él tenía su legitimidad. Los representantes del poder temporal no están, como tales, calificados para reconocer si

---

[81] Sobre este punto ver nuestro estudio sobre *San Bernardo*; hemos señalado allí que los dos caracteres del monje y del caballero se encontrarían reunidos en San Bernardo, autor de la regla de la Orden del Temple, calificada por él de "milicia de Dios", y por eso se explica el papel, que tuvo que jugar constantemente, de conciliador y de árbitro entre el poder religioso y el poder político.

la autoridad espiritual correspondiente a la forma tradicional de la que dependen posee o no la plenitud de su realidad efectiva; son incluso incapaces de ello por definición, puesto que su competencia está limitada a un dominio inferior; cualquiera que sea esta autoridad, si desconocen su subordinación a su respecto, comprometen por eso mismo su legitimidad. Es menester pues poner buen cuidado en distinguir la cuestión de lo que puede ser una autoridad espiritual en sí misma, en tal o en cual momento de su existencia, y la de sus relaciones en el poder temporal; la segunda es independiente de la primera, que no concierne más que a aquellos que ejercen funciones de orden sacerdotal o que estarían normalmente calificados para ejercerlas; e, incluso si esta autoridad, por defecto de sus representantes, hubiera perdido enteramente el "espíritu" de su doctrina, la sola conservación del depósito de la "letra" y de las formas exteriores en las que ésta doctrina está contenida continuarían asegurándole todavía la potestad necesaria y suficiente para ejercer válidamente su supremacía sobre lo temporal[82], ya

---

[82] Este caso es comparable al de un hombre que hubiera recibido en herencia un arca cerrada conteniendo un tesoro, y que, no pudiendo abrirla, ignorara la verdadera naturaleza de éste; este

que esta supremacía está vinculada a la esencia misma de la autoridad espiritual y le pertenece en tanto que subsista regularmente, por disminuida que pueda estar en sí misma, puesto que la menor parcela de espiritualidad es todavía incomparablemente superior a todo lo que depende del orden temporal. De ahí resulta que, mientras que la autoridad espiritual puede y debe siempre controlar el poder temporal, ella misma no puede ser controlada por nada más, al menos exteriormente[83]; por chocante que una tal afirmación pueda parecer a los ojos de la mayoría

---

hombre por eso no sería menos el auténtico poseedor del tesoro; la pérdida de la llave no le arrebataría su propiedad sobre él, y, si algunas prerrogativas exteriores estuvieran vinculadas a esta propiedad, él conservaría siempre el derecho de ejercerlas; pero, por otra parte, es evidente que, en lo que le concierne personalmente, en esas condiciones no podría tener efectivamente el pleno usufructo de su tesoro.

[83] Esta reserva concierne al principio supremo de lo espiritual y de lo temporal, que está más allá de todas las formas particulares, y cuyos representantes directos tienen evidentemente el derecho de control sobre uno y otro dominio; pero la acción de este principio supremo, en el estado actual del mundo, no se ejerce visiblemente, de tal suerte que se puede decir que toda autoridad espiritual aparece al exterior como suprema, incluso si la misma es sólo lo que nos hemos llamado más atrás una autoridad espiritual relativa, e incluso si, en este caso, ha perdido la llave de la forma tradicional cuya conservación está encargada de asegurar.

de nuestros contemporáneos, no vacilamos en declarar que esto no es más que la expresión de una verdad innegable[84].

Pero volvamos de nuevo a Felipe El Hermoso, que nos proporciona un ejemplo particularmente típico para lo que nos proponemos explicar aquí: hay que destacar que Dante atribuye como móvil de sus acciones la "avaricia"[85], que no es un vicio

---

[84] Ocurre lo mismo con la "infalibilidad pontifical", cuya proclamación ha levantado tantas protestas debidas simplemente a la incomprensión moderna, incomprensión que, por lo demás, hacía su afirmación explícita y solemne tanto más indispensable: un representante auténtico de una doctrina tradicional es necesariamente infalible cuando habla en el nombre de esa doctrina; y es menester darse cuenta bien de que esta infalibilidad está vinculada, no a la individualidad, sino a la función. Es así como, en el islam, todo *mufti* es infalible en tanto que intérprete autorizado de la *shariyah*, es decir, de la legislación basada esencialmente sobre la religión, aunque su competencia no se extiende a un orden más interior; los orientales podrían pues sorprenderse, no de que el Papa sea infalible en su dominio, lo que no tendría para ellos la menor dificultad, sino más bien de que sea el único en serlo en todo occidente.

[85] Es por eso mismo como se explica, no sólo la destrucción de la Orden del Temple, sino también, de modo más visible todavía, lo que se ha llamado la alteración de las monedas, y estos dos hechos están quizás más estrechamente ligados de lo que podía suponerse a primera vista; en todo caso, si los contemporáneos de Felipe El Hermoso le incriminaron por esta alteración, es menester concluir de ello, que al cambiar por su propia iniciativa el título de la

de kshatriya, sino de vaishya; podría decirse que los kshatriyas, desde que se ponen en estado de rebelión, se degradan en cierto modo y pierden su carácter propio para tomar el de una casta inferior. Se podría agregar incluso que esta degradación debe acompañar inevitablemente a la pérdida de la legitimidad: si, por su falta, los kshatriyas han caído de su derecho normal al ejercicio del poder temporal, ello se debe a que ya no son verdaderos kshatriyas, queremos decir, que su naturaleza ya no es tal que les hace aptos para desempeñar lo que era su función propia. Si el rey ya no se contenta con ser el primero de los kshatriyas, es decir el jefe de la nobleza, y con jugar el papel de "regulador" que le pertenece a este título, pierde lo que constituye su razón de ser esencial, y, al mismo tiempo, se pone en oposición a esta nobleza de la que no era más que la emanación y como la

---

moneda, rebasaba los derechos reconocidos al poder real. En eso hay una indicación que advertir, ya que esta cuestión de la moneda, en la antigüedad y en la Edad Media, tenía aspectos completamente ignorados por los modernos, que se quedan en el simple punto de vista "económico"; es así que se ha observado que, entre los celtas, los símbolos que figuran sobre las monedas no pueden explicarse más que si se refieren a conocimientos doctrinales que eran propios de los druidas, lo que implica una intervención directa de éstos en este dominio; y este control de la autoridad espiritual ha debido perpetuarse hasta el fin de la Edad Media.

expresión más acabada. Es así como vemos que, para "centralizar" y absorber en ella los poderes que pertenecen colectivamente a toda la nobleza, la realeza entra en lucha con la nobleza y trabaja con empeño en la destrucción de la feudalidad, de la cual sin embargo había salido; por lo demás, no podía hacerlo más que apoyándose sobre el tercer estado, que corresponde a los vaishyas; y es por eso por lo que vemos que los reyes de Francia, a partir de Felipe El Hermoso precisamente, se rodean constantemente de burgueses, sobre todo aquellos que, como Luis XI y Luis XIV, llevaron más lejos el trabajo de "centralización", cuyo beneficio debía recoger después la burguesía cuando se apoderó del poder por la Revolución.

La "centralización" temporal es generalmente la marca de una oposición frente a la autoridad espiritual, cuya influencia los gobiernos se esfuerzan en neutralizar así para sustituirla por la suya; por eso es por lo que la forma feudal, que es aquella donde los kshatriyas pueden ejercer más completamente sus funciones normales, es al mismo tiempo la que parece convenir mejor a la organización regular de las civilizaciones tradicionales, como lo era la de la Edad Media. Bajo la relación política, la época moderna, que es la de la ruptura con la tradición, podría caracterizarse por la sustitución del sistema feudal por el sistema nacional; es en el siglo XIV cuando comenzaron a constituirse las "nacionalidades", por este trabajo de "centralización" del que acabamos de hablar. Se tiene razón al decir que la formación de la "nación francesa", en particular, fue obra de los reyes; pero, por eso mismo, éstos preparaban sin saberlo su propia ruina[86]; y, si Francia fue el primer país de Europa donde la realeza fue abolida, es porque fue en Francia donde la "nacionalización" había tenido su punto de partida. Por lo demás, apenas hay necesidad de recordar cuán ferozmente "nacionalista" y "centralista" fue la Revolución, y también el uso propiamente revolucionario que se hizo, durante todo el curso del siglo XIX, del supuesto "principio de las nacionalidades"[87]; así pues, hay una contradicción bastante singular en el "nacionalismo" que proclaman hoy día algunos adversarios declarados de la Revolución y de su

---

[86] A la lucha de la realeza contra la nobleza feudal, se puede aplicar estrictamente esta palabra del Evangelio: "Toda casa dividida contra sí misma perecerá".

[87] Hay lugar a destacar que ese "principio de las nacionalidades" fue explotado sobre todo contra el Papado y contra Austria, que representaba el último resto de la herencia del Sacro Imperio.

obra. Pero el punto más interesante para nos al presente es éste: la formación de las "nacionalidades" es esencialmente uno de los episodios de la lucha de lo temporal contra lo espiritual; y, si se quiere ir al fondo de las cosas, puede decirse que es precisamente por eso por lo que la misma fue fatal para la realeza, que, mientras parecía realizar todas sus ambiciones, no hacía más que correr a su perdición[88].

Hay una suerte de unificación política, completamente exterior, que implica el desconocimiento, cuando no la negación, de los principios espirituales que son los únicos que pueden hacer la unidad verdadera y profunda de una civilización, y las "nacionalidades" son un ejemplo de ello. En la Edad Media, había, en todo occidente, una unidad real, fundada sobre bases de orden propiamente tradicional, que era la de la "Cristiandad"; cuando se formaron esas unidades secundarias, de orden puramente político, es decir,

---

[88] Allí donde la realeza ha podido mantenerse deviniendo "constitucional", no es más que la sombra de sí misma, y apenas tiene más que una existencia nominal y "representativa", como lo expresa la fórmula conocida según la cual "el rey reina, pero no gobierna"; no es verdaderamente más que una caricatura de la antigua realeza.

temporal y ya no espiritual, que son las naciones, esta gran unidad de occidente se quebró irremediablemente, y la existencia efectiva de la "Cristiandad" tocó a su fin. Las naciones, que no son más que los fragmentos dispersos de la antigua "Cristiandad", las falsas unidades que han sustituido a la unidad verdadera por la voluntad de dominio del poder temporal, no podían vivir, por las condiciones mismas de su constitución, más que oponiéndose las unas a las otras, luchando sin cesar entre ellas sobre todos los terrenos[89]; el espíritu es unidad, la materia es multiplicidad y división, y cuanto más nos alejemos de la espiritualidad, más se acentúan y se amplifican los antagonismos. Nadie podrá contestar que las guerras feudales, estrechamente localizadas, y por lo demás sometidas a una reglamentación restrictiva que emanaba de la autoridad espiritual, no eran nada en comparación con las guerras

---

[89] Por ello es por lo que la idea de una "sociedad de las naciones" (naciones unidas) no puede ser más que una utopía sin alcance real; la forma nacional repugna esencialmente el reconocimiento de una unidad cualquiera superior a la suya propia; por lo demás, en las concepciones que aparecen actualmente, no se trataría evidentemente más que de una unidad de orden exclusivamente temporal, y por lo tanto, tanto más ineficaz, y que jamás podría ser más que una parodia de la verdadera unidad.

nacionales, que han desembocado, con la Revolución y el Imperio, en las "naciones armadas"[90], y que hemos visto tomar en nuestros días nuevos desarrollos muy poco tranquilizadores para el porvenir.

Por otra parte, la constitución de las "nacionalidades" hizo posible verdaderas tentativas de sojuzgamiento de lo espiritual a lo temporal, tentativas que implicaban una inversión de las relaciones jerárquicas entre los dos poderes; este sojuzgamiento encuentra su expresión más definida en la idea de una Iglesia "nacional", es decir subordinada al Estado y encerrada en los límites de éste; y el término mismo de "religión de Estado", bajo su apariencia voluntariamente equívoca, no significa otra cosa en el fondo: es la religión de la que se sirve el gobierno temporal como un medio para asegurar su dominio; es la religión reducida a no ser más que un simple factor

---

[90] Como lo hemos hecho observar en otra parte (*La Crisis del Mundo moderno*, pp. 104-105, edición francesa), al obligar a todos los hombres indistintamente a tomar parte en las guerras modernas, se desconoce enteramente la distinción esencial de las funciones sociales; por lo demás, eso es una consecuencia lógica del "igualitarismo".

del orden social[91]. Esta idea de Iglesia "nacional" vio la luz primeramente en los países protestantes, o, para decirlo mejor, es quizás sobre todo para realizarla por lo que se suscitó el Protestantismo, pues bien parece que Lutero apenas haya sido, políticamente al menos, más que un instrumento de las ambiciones de algunos príncipes alemanes, y es muy probable que, sin eso, aunque se hubiera producido su rebelión contra Roma, las consecuencias de ello hubieran sido tan completamente desdeñables como las de muchas otras disidencias individuales que no fueron más que incidentes sin mañana. La Reforma es el síntoma más visible de la ruptura de la unidad espiritual de la "Cristiandad", pero, según la expresión de Joseph de Maistre, no es en ella donde comenzó a "desgarrarse la túnica sin costuras"; esta ruptura era ya entonces un hecho cumplido desde hacía mucho tiempo, puesto que, como lo hemos dicho, su comienzo se remonta en realidad a dos siglos antes; y podría hacerse una precisión análoga

---

[91] Por lo demás, esta concepción puede realizarse bajo otras formas que la de una Iglesia "nacional" propiamente dicha; tenemos un ejemplo de ello de lo más sorprendente en un régimen como el del "Concordato" napoleónico, que transformaba a los sacerdotes en funcionarios del Estado, lo que es una verdadera monstruosidad.

en lo que concierne al Renacimiento, que, por una coincidencia donde no hay nada de fortuito, se produjo casi al mismo tiempo que la Reforma, y sólo cuando los conocimientos tradicionales de la Edad Media se habían perdido casi enteramente. Así pues, a este respecto, el Protestantismo fue pues más bien una conclusión que un punto de partida; pero, si realmente fue sobre todo la obra de los príncipes y de los soberanos, que lo utilizaron primero para sus fines políticos, sus tendencias individuales no debían tardar en volverse contra éstos, ya que las mismas preparaban directamente la vía a las concepciones democráticas e igualitarias características de la época actual[92].

Para volver de nuevo a lo que concierne al sojuzgamiento de la religión al Estado, bajo la forma que acabamos de indicar, sería por lo demás un error creer que no se encontrarían ejemplos de ello fuera del Protestantismo[93]: si el cisma

---

[92] Hay lugar a observar que el Protestantismo suprime el clero, y que, si pretende mantener la autoridad de la Biblia, la arruina de hecho por el "libre examen".

[93] Aquí no consideramos el caso de Rusia, que es en cierto modo especial y que debería dar lugar a distinciones que complicarían bastante inútilmente nuestra exposición; no es menos cierto por eso que, allí también, se encuentra la "religión de Estado" en el sentido

anglicano de Enrique VIII es el logro más completo en la constitución de una Iglesia "nacional", el galicanismo mismo, tal como pudo concebirlo Luis XIV, no era otra cosa en el fondo; si esta tentativa hubiera triunfado, el vinculamiento a Roma habría subsistido sin duda en teoría, pero, prácticamente, sus efectos hubieran sido completamente anulados por la interposición del poder político, y la situación no habría sido sensiblemente diferente en Francia de lo que podría haber sido en Inglaterra si las tendencias de la fracción "ritualista" de la Iglesia anglicana hubieran llegado a prevalecer definitivamente[94]. El Protestantismo, bajo sus diferentes formas, ha llevado las cosas al extremo; pero no es sólo en los países donde se estableció donde la realeza destruyó su propio "derecho divino", es decir, el único fundamento real de su legitimidad, y, al mismo tiempo, la única garantía de su estabilidad; según lo que acaba de ser

---

que hemos definido; pero las órdenes monásticas al menos han podido escapar en una cierta medida a la subordinación de lo espiritual a lo temporal, mientras que, en los países protestantes su supresión ha hecho esta subordinación tan completa como es posible.

[94] Por lo demás, se observará que hay, entre las dos denominaciones de "anglicanismo" y de "galicanismo", una estrecha similitud, que corresponde bien a la realidad.

expuesto, la realeza francesa, sin llegar hasta una ruptura tan manifiesta con la autoridad espiritual, había actuado en suma, por otros medios más desviados, exactamente de la misma manera, e incluso bien parece que haya sido la primera en comprometerse en esta vía; aquellos de sus partidarios que hacen de ello una suerte de gloria apenas parecen darse cuenta de las consecuencias que esta actitud ha acarreado y que no podía no acarrear. La verdad es que fue la realeza la que, con ello, abrió inconscientemente el camino a la Revolución, y que ésta, al destruirla, no hizo más que ir más lejos en el sentido del desorden en el que ella misma había comenzado a comprometerse. De hecho, por todas partes en el mundo occidental, la burguesía ha llegado a apoderarse del poder, en el que la realeza la había hecho primero participar indebidamente; por lo demás, importa poco que seguidamente la burguesía haya abolido la realeza como en Francia, o que la haya dejado subsistir nominalmente como en Inglaterra o en otras partes; el resultado es el mismo en todos los casos, y es el triunfo de lo "económico", su supremacía proclamada abiertamente. Pero, a medida que uno se sumerge en la materialidad, la inestabilidad se acrecienta, los cambios se producen cada vez más rápidamente; así el reino de la burguesía, no podrá tener él mismo sino una duración bastante corta, en comparación con la del régimen al cual ha sucedido; y, como la usurpación llama a la usurpación, después de los vaishyas, son ahora los shûdras los que, a su vez, aspiran al dominio: esa es, muy exactamente, la significación del bolchevismo. A este respecto, no queremos formular ninguna previsión, pero sin duda no sería muy difícil extraer de lo que precede, algunas consecuencias para el porvenir: si los elementos sociales más inferiores acceden al poder de una manera o de otra, su reino será verosímilmente el más breve de todos, y marcará la última fase de un cierto ciclo histórico, puesto que no es posible descender más bajo; incluso si un tal acontecimiento no tiene un alcance más general, hay que suponer que, al menos para occidente, el mismo será el fin del periodo moderno.

Un historiador que se apoyara sobre los datos que hemos indicado podría desarrollar sin duda estas consideraciones casi indefinidamente, buscando hechos más particulares que harían sobresalir todavía, de una manera muy precisa, lo que hemos querido mostrar principalmente aquí[95], a saber, esta responsabilidad muy poco conocida del poder real en el origen de todo el desorden moderno, esta primera desviación, en las relaciones de lo espiritual y de lo temporal, que debía desencadenar inevitablemente todas las demás. En cuanto a nos, ese no puede ser nuestro papel; hemos querido dar solamente ejemplos destinados a esclarecer una exposición sintética; debemos pues atenernos a las grandes líneas de la historia, y limitarnos a las indicaciones esenciales que se desprenden de la sucesión misma de los acontecimientos.

---

[95] Por ejemplo, podría ser interesante estudiar especialmente, bajo este punto de vista, el papel de Richelieu, que se encarnizó en destruir los últimos vestigios de la feudalidad, y que, aunque combatía a los Protestantes en el interior, se alió a ellos en el exterior contra lo que podía subsistir todavía del Sacro Imperio, es decir, contra las supervivencias de la antigua "Cristiandad".

CAPITULO VIII

Paraíso terrestre y paraíso celeste

La constitución política de la "Cristiandad" medieval era, hemos dicho, esencialmente feudal; tenía su coronamiento en una función, verdaderamente suprema en el orden temporal, que era la del Emperador; éste, en relación a los reyes, debía ser lo que los reyes, a su vez, eran en relación a sus vasallos. Por lo demás, es menester decir que esta concepción del Sacro Imperio permaneció algo teórica y jamás fue plenamente realizada, sin duda por defecto de los Emperadores mismos, que, extraviados por la extensión del poder que les era conferido, fueron los primeros en contestar su subordinación frente a la autoridad espiritual, autoridad de la cual, sin embargo, tenían su poder así como los demás soberanos, e incluso más directamente todavía⁹⁶. Fue lo que se ha convenido llamar la querella del Sacerdocio y del Imperio, cuyas vicisitudes diversas son bastante conocidas como para que no haya lugar a recordarlas aquí, ni siquiera sumariamente, tanto más cuanto que el detalle de estos hechos importa poco para lo que nos proponemos; lo que es más interesante, es comprender lo que hubiera debido ser verdaderamente el Emperador, y también lo que ha podido dar nacimiento al error que le hizo tomar su supremacía relativa por una supremacía absoluta.

La distinción del Papado y del Imperio provenía en cierto modo de una división de los poderes que, en la antigua Roma, habían estado reunidos en una sola persona, puesto que, entonces, el *Imperator* era al mismo tiempo *Pontifex Maximus*⁹⁷; por lo

---

⁹⁶ El Sacro Imperio comenzó con Carlomagno, y se sabe que fue el Papa quien confirió a éste la dignidad imperial; sus sucesores no podían ser legitimados de otro modo a como lo había sido él mismo.

⁹⁷ Es muy destacable que el Papa haya conservado siempre este título de *Pontifex Maximus*, cuyo origen es tan evidentemente extraño al Cristianismo y que le es por lo demás muy anterior; este hecho es de aquellos que deberían dar que pensar, a aquellos que son capaces de reflexionar, que el supuesto "paganismo" tenía en

demás, no vamos a buscar cómo puede explicarse, en este caso especial, esta reunión de lo espiritual y de lo temporal, lo que se arriesgaría a comprometernos en consideraciones bastante complejas[98]. Sea como fuere, el Papa y el Emperador eran así, no precisamente "las dos mitades de Dios" como lo ha escrito Víctor Hugo, sino mucho más exactamente las dos mitades de este Cristo-Jano que algunas figuraciones nos muestran teniendo en una mano una llave y en la otra un cetro, emblemas respectivos de los dos poderes sacerdotal y real unidos en él como en su principio común[99]. Esta asimilación simbólica de

---

realidad un carácter bien diferente del que se ha convenido atribuirle.

[98] El Emperador romano aparece en cierto modo como un kshatriya ejerciendo, además de su función propia, la función de un brâhman; parece pues que ahí hay una anomalía, y sería menester ver si la tradición romana no tenía un carácter particular que permitía considerar este hecho de otro modo que como una simple usurpación. Por otra parte, puede dudarse que los Emperadores hayan estado, en su mayoría, verdaderamente "calificados" bajo el punto de vista espiritual; pero a veces es menester distinguir entre el representante "oficial" de la autoridad y sus detentadores efectivos, y basta que éstos inspiren a aquél, incluso si no es uno de los suyos, para que las cosas sean lo que deben ser.

[99] Ver un artículo de L. Charbonneau-Lassay titulado *Un antiguo emblema del mes de enero*, publicado en la revista *Regnabit* (marzo, 1925). La llave y el cetro equivalen aquí al conjunto más habitual

Cristo a Jano, en tanto que principio supremo de los dos poderes, es la marca muy clara de una cierta continuidad tradicional, frecuentemente muy ignorada o negada expresamente, entre la Roma antigua y la Roma cristiana; y es menester no olvidar que, en la Edad Media, el Imperio era "romano" como el Papado. Pero esta misma figuración nos da también la razón del error que acabamos de señalar, y que debía ser fatal para el Imperio: este error consiste en suma en mirar como equivalentes las dos mitades de Jano, que lo son en efecto en apariencia, pero que, cuando representan lo espiritual y lo temporal, no pueden serlo en realidad; en otros términos, es también el error que consiste en tomar la relación de los dos poderes por una relación de coordinación, cuando es una relación de subordinación, porque, desde que están separados, mientras que uno procede directamente del principio supremo, el otro no procede de él más que indirectamente; nos hemos explicado ya suficientemente sobre esto en lo que

---

de las dos llaves de oro y de plata; ambos símbolos son por lo demás atribuidos directamente a Cristo por esta fórmula litúrgica: "*O clavis David, et Sceptrum domus Israel...*" (*Breviario romano*, oficio del 20 de diciembre).

precede como para que no haya lugar ahora a insistir más en ello.

Dante, al final de su tratado *De Monarchia*, define de una manera muy concisa las atribuciones respectivas del Papa y del Emperador; he aquí este importante pasaje: "La inefable Providencia de Dios propuso al hombre dos fines: la beatitud de esta vida, que consiste en el ejercicio de la virtud propia y que es representada por el Paraíso terrestre; y la beatitud de la vida eterna, que consiste en gozar de la visión de Dios, a la cual la virtud humana no puede alzarse si no es ayudada por la luz divina, y que es representada por el Paraíso celeste. A estas dos beatitudes, como a conclusiones diversas, es menester llegar por medios diferentes; pues a la primera llegamos por las enseñanzas filosóficas, provisto que las sigamos actuando según las virtudes morales e intelectuales; a la segunda, por las enseñanzas espirituales, que rebasan la razón humana, provisto que las sigamos actuando según las virtudes teologales, la Fe, la Esperanza y la Caridad. Estas conclusiones y estos medios, aunque nos sean enseñados, unos por la razón humana que nos es manifestada toda entera por los filósofos, los otros por el Espíritu Santo que nos ha revelado la verdad sobrenatural, a nosotros necesaria, por los profetas y los escritores sagrados, por el Hijo de Dios, Jesucristo, coeterno al Espíritu, y por sus discípulos, estas conclusiones y estos medios, la concupiscencia humana los haría abandonar si los hombres, semejantes a caballos que vagabundean en su bestialidad, no fueran retenidos por el freno en su ruta. Por ello es por lo que el hombre tiene necesidad de una doble dirección según su doble fin, es decir, del Soberano Pontífice, que, según la Revelación, conduciría al género humano a la vida eterna, y del Emperador, que según las enseñanzas filosóficas, le dirigiría a la felicidad temporal. Y como a este puerto nadie podría llegar, o no llegarían sino muy pocas personas y al precio de las peores dificultades, si el género humano no pudiera reposar libre en la tranquilidad de la paz, después de que hubieran sido apaciguadas las olas de la concupiscencia insinuante, es a esta meta hacia donde debe tender sobre todo el que rige la tierra, el príncipe romano: que en esta pequeña morada de los mortales se viva libremente en paz[100].

Para ser comprendido perfectamente este texto tiene necesidad de un cierto número de

---

[100] *De Monarchia*, III, 16.

explicaciones, ya que es menester no dejarse confundir por él: bajo un lenguaje de apariencia puramente teológica, encierra verdades de un orden mucho más profundo, lo que es, por lo demás, conforme a los hábitos de su autor y de las organizaciones iniciáticas a las cuales éste estaba vinculado[101]. Por otra parte, lo destacamos de pasada, es bastante sorprendente, que el que ha escrito estas líneas haya podido ser presentado a veces como un enemigo del Papado; como lo decíamos más atrás, Dante denunció sin duda las insuficiencias y las imperfecciones que pudo constatar en el estado del Papado de su época, y en particular, como una de sus consecuencias, el recurso demasiado frecuente a medios propiamente temporales, y, por consiguiente, poco convenientes a la acción de una autoridad espiritual; pero supo no imputar a la institución misma los defectos de los hombres que la

---

[101] Sobre este punto, ver concretamente nuestro estudio sobre *El Esoterismo de Dante*, y también la obra de Luigi Valli, *Il Linguaggio segreto di Dante e dei "Fedeli d'Amore"*; desafortunadamente, el autor ha muerto sin haber podido llevar sus investigaciones hasta su término, y en el momento mismo en que parecían conducirle a considerar las cosas en un espíritu más próximo del esoterismo tradicional.

representaban pasajeramente, lo que no siempre sabe hacer el individualismo moderno[102].

Si nos remitimos a lo que ya hemos explicado, se verá sin dificultad que la distinción que hace Dante entre los dos fines del hombre corresponde muy exactamente a la de los "misterios menores" y de los "misterios mayores", y también, por consiguiente, a la de la "iniciación real" y de la "iniciación sacerdotal". El Emperador preside los "misterios menores", que conciernen al "Paraíso terrestre", es decir, a la realización de la perfección del estado humano[103]; el Soberano Pontífice preside

---

[102] Cuando se habla del Catolicismo, se debería tener siempre el mayor cuidado de distinguir lo que concierne al Catolicismo mismo en tanto que doctrina y lo que se refiere sólo al estado actual de la organización de la Iglesia Católica; se piense lo que se piense sobre esta última cuestión, el Catolicismo como doctrina no podría ser afectado por ello. Lo que decimos aquí del Catolicismo, porque este ejemplo se presenta inmediatamente a propósito de Dante, podría encontrar por lo demás muchas otras aplicaciones; pero hoy día son muy poco numerosos los que, cuando es menester, saben desprenderse de las contingencias históricas, hasta el punto de que, para continuar tomando el mismo ejemplo, algunos defensores del Catolicismo, por lo demás tanto como sus adversarios, creen poder reducirlo todo a una simple cuestión de "historicidad", lo que es una de las formas de la moderna "superstición del hecho".

[103] Esta realización es, en efecto, la restauración del "estado primordial", restauración de la que se trata en todas las tradiciones,

los "misterios mayores", que conciernen al "Paraíso celeste", es decir, a la realización de los estados suprahumanos, ligados así al estado humano por la función "pontifical", entendida en su sentido estrictamente etimológico[104]. El hombre, en tanto que hombre, no puede alcanzar evidentemente por sí mismo más que el primero de estos dos fines, que puede llamarse "natural", mientras que el segundo es propiamente "sobrenatural", puesto que reside más allá del mundo manifestado; esta distinción es pues la del orden "físico" y del orden "metafísico". Aquí aparece también tan claramente como es posible la concordancia de todas las tradiciones, sean de oriente o de occidente: al definir como lo hemos hecho las atribuciones respectivas de los kshatriyas y de los brâhmanes, estábamos bien fundados al no ver en eso sólo algo aplicable a una cierta forma de

---

así como ya hemos tenido la oportunidad de exponerlo en diversas ocasiones.

[104] En el simbolismo de la cruz, la primera de estas dos realizaciones se representa por el desarrollo indefinido de la línea horizontal, y la segunda por el de la línea vertical; siguiendo el lenguaje del esoterismo islámico, son los dos sentidos de la "amplitud" y de la "exaltación", cuyo pleno florecimiento se realiza en el "Hombre Universal", que es el Cristo místico, el "segundo Adán" de San Pablo.

civilización, la de la India, puesto que las encontramos igualmente, definidas de una manera rigurosamente idéntica en lo que fue, antes de la desviación moderna, la civilización tradicional del mundo occidental.

Así pues, Dante asigna como funciones al Emperador y al Papa conducir a la humanidad respectivamente al "Paraíso terrestre" y al "Paraíso celeste"; la primera de estas dos funciones se cumple "según la filosofía", y la segunda "según la Revelación"; pero estos términos son de los que requieren ser explicados cuidadosamente. En efecto, la "filosofía" no podría ser entendida aquí en su sentido ordinario y "profano", puesto que, si ello fuera así, sería demasiado manifiestamente incapaz de desempeñar el papel que se le asigna; para comprender de qué se trata realmente, es menester restituir a este término de "filosofía" su significación primitiva, aquella que tenía para los Pitagóricos, que fueron los primeros en hacer uso de ella. Como lo hemos indicado en otra parte[105], esta palabra, que significa etimológicamente "amor de la sabiduría", designa primero una disposición preliminar requerida para llegar a la sabiduría, y

---

[105] *La Crisis del Mundo moderno*, pp. 21-22 (2ª edic. francesa).

puede designar también, por una extensión completamente natural, la búsqueda que, naciendo de esta disposición misma, debe conducir al verdadero conocimiento; así pues, no es más que una etapa preliminar y preparatoria, un encaminamiento hacia la sabiduría, de la misma manera el "Paraíso terrestre" es una etapa en la vía que conduce al "Paraíso celeste". Entendida así, esta "filosofía" es lo que se podría llamar, si se quiere, la "sabiduría humana", porque comprende el conjunto de todos los conocimientos que pueden alcanzarse con las facultades del individuo humano sólo, facultades que Dante sintetiza en la razón, porque es por la razón como se define propiamente el hombre como tal; pero esta "sabiduría humana", precisamente porque no es más que humana, no es la verdadera sabiduría, que se identifica con el conocimiento metafísico. Este último es esencialmente suprarracional, y por consiguiente, también suprahumano; y, de la misma manera, a partir del "Paraíso terrestre", la vía del "Paraíso celeste" abandona la tierra para *"salire alle stelle"*, como dice Dante[106], es decir, para elevarse a los estados superiores, que figuran las esferas

---

[106] Purgatorio, XXXIII, 145; ver El Esoterismo de Dante, p. 60.

planetarias y estelares en el lenguaje de la astrología, y las jerarquías angélicas en el de la teología, así también, para el conocimiento de todo lo que rebasa el estado humano, las facultades individuales devienen impotentes, y son necesarios otros medios: es aquí donde interviene la "Revelación", que es una comunicación directa de los estados superiores, comunicación que, como lo indicábamos hace un momento, es establecida efectivamente por el "pontificado". La posibilidad de esta "Revelación" reposa sobre la existencia de facultades transcendentes en relación al individuo: cualesquiera que sea el nombre que se les de, ya sea que se hable por ejemplo de "intuición intelectual" o de "inspiración", es siempre la misma cosa en el fondo; el primero de estos dos términos podrá hacer pensar en un sentido en los estados "angélicos", que son en efecto idénticos a los estados supraindividuales del ser, y el segundo evocará sobre todo esta acción del Espíritu Santo a la cual Dante hace alusión expresamente[107]; se podrá decir también que lo que es "inspiración"

---

[107] El intelecto puro, que es de orden universal y no individual, y que liga entre ellos todos los estados del ser, es el principio que la doctrina hindú llama *Buddhi*, nombre cuya raíz expresa esencialmente la idea de "sabiduría".

interiormente, para el que la recibe directamente, deviene "Revelación" exteriormente, para la colectividad humana a la cual se transmite por su intermediación, en la medida en que una tal transmisión es posible, es decir, en la medida de lo que es expresable. Naturalmente, aquí no hacemos más que resumir muy sumariamente, y por eso mismo de una manera quizás un poco simplificada, un conjunto de consideraciones que, si se quisieran desarrollar más completamente, serían bastante complejas y se apartarían mucho de nuestro tema; en todo caso, lo que acabamos de decir es suficiente para el cometido que nos proponemos al presente.

En esta acepción, la "Revelación" y la "filosofía" corresponden respectivamente a las dos partes que, en la doctrina hindú, se designan con los nombres de *Shruti* y de *Smriti*[108]; aquí también, es menester destacar bien que decimos que hay correspondencia, y no identidad, puesto que la diferencia de las formas tradicionales implica una diferencia real en los puntos de vista desde los que se consideran las cosas en cada una de ellas. La *Shruti*, que comprende todos los textos védicos, es el fruto de la inspiración directa, y la *Smriti* es el

---

[108] Ver *El Hombre y su devenir según el Vêdânta*, c. I.

conjunto de las consecuencias y de las aplicaciones diversas que se sacan de ella por reflexión; bajo algunos aspectos, su relación es la del conocimiento intuitivo y del conocimiento discursivo; y, en efecto, de estos dos modos de conocimiento, el primero es suprahumano, mientras que el segundo es propiamente humano. De la misma manera que el dominio de la "Revelación" se atribuye al Papado y el de la "filosofía" al Imperio, así la *Shruti* concierne más directamente a los brâhmanes, cuya ocupación principal es el estudio del *Vêda*, y la *Smriti*, que comprende el *Dharma-Shâstra* o "Libro de la Ley"[109], y por consiguiente la aplicación social de la doctrina, concierne más bien a los kshatriyas, a los cuales están más especialmente destinados la mayoría de los libros que encierran su expresión.

---

[109] Bajo este aspecto, se podrían sacar quizás algunas consecuencias del hecho de que, en la tradición judaica, fuente y punto de partida de todo lo que puede llevar el nombre de "religión" en su sentido más preciso, puesto que el islamismo se vincula a ella tanto como el catolicismo, la designación de *Thorah* o "Ley" se aplica a todo el conjunto de los Libros sagrados: vemos en ello sobre todo una conexión con la conveniencia especial de la forma religiosa a los pueblos en los que predomina la naturaleza de los kshatriyas, y también con la importancia particular que toma en esta forma el punto de vista social; por otra parte, estas dos consideraciones guardan entre sí lazos bastante estrechos.

La *Shruti* es el principio del cual deriva todo el resto de la doctrina, y su conocimiento, que implica el de los estados superiores, constituye el dominio de los "misterios mayores"; el conocimiento de la *Smriti*, es decir, de las aplicaciones al "mundo del hombre", entendiendo por ello el estado humano integral, considerado en toda la extensión de sus posibilidades, constituye el dominio de los "misterios menores"[110]. La *Shruti* es la luz directa, que, como la inteligencia pura, la cual es aquí al mismo tiempo la pura espiritualidad, corresponde al sol, y la *Smriti* es la luz reflejada, que, como la memoria cuyo nombre lleva y que es la facultad "temporal" por definición misma, corresponde a la luna[111]; por eso es por lo que la llave de los "misterios mayores" es de oro y la de los "misterios

---

[110] Debe entenderse bien que, en todo lo que decimos, se trata siempre de un conocimiento que no es únicamente teórico, sino efectivo, y que, por consiguiente, implica esencialmente la realización correspondiente.

[111] A este respecto, es menester destacar que el "Paraíso celeste" es esencialmente el *Brahma-Loka*, identificado al "Sol espiritual" (*El Hombre y su devenir según el Vêdânta*, c. XXI y XXII), y que, por otra parte, el "Paraíso terrestre" se describe como tocando la "esfera de la Luna" (*El Rey del Mundo*, p. 55, edic. francesa): la cima de la montaña del Purgatorio, en el simbolismo de la *Divina Comedia*, es el límite del estado humano o terrestre, individual, y el punto de comunicación con los estados celestes, supraindividuales.

menores" de plata, puesto que, en el orden alquímico, el oro y la plata son el exacto equivalente de lo que son el sol y la luna en el orden astrológico. Estas dos llaves, que eran las de Jano en la antigua Roma, eran uno de los atributos del Soberano Pontificado, al cual estaba esencialmente vinculada la función de "hierofante" o "maestro de los misterios"; con el título mismo de *Pontifex Maximus*, las llaves han permanecido entre los principales emblemas del Papado, y, por lo demás, las palabras evangélicas relativas al "poder de las llaves", así como ocurre igualmente con muchos otros puntos, no hacen en suma más que confirmar plenamente la tradición primordial. Se puede comprender ahora, más completamente todavía que por lo que habíamos explicado precedentemente, por qué estas dos llaves son al mismo tiempo las del poder espiritual y del poder temporal; para expresar las relaciones de estos dos poderes, se podría decir que el Papa debe guardar para él la llave de oro del "Paraíso celeste" y confiar al Emperador la llave de plata del "Paraíso terrestre"; y se ha visto hace un momento que, en el simbolismo, esta segunda llave era reemplazada a veces por el cetro, insignia más especial de la realeza[112].

En lo que precede hay un punto sobre el que debemos llamar la atención, para evitar hasta la apariencia de una contradicción: por una parte, hemos dicho que el conocimiento metafísico, que es la verdadera sabiduría, es el principio del cual deriva todo otro conocimiento a título de aplicación a órdenes contingentes, y, por otra parte, que la "filosofía", en el sentido original en el que designa el conjunto de estos conocimientos contingentes, debe considerarse como una preparación a la sabiduría; ¿cómo pueden conciliarse estas dos cosas? Ya nos hemos explicado en otra parte sobre esta cuestión, a propósito del doble papel de las "ciencias tradicionales"[113]: aquí se trata de dos puntos de vista, uno descendente y el otro ascendente, el primero de los cuales corresponde a un desarrollo del conocimiento que parte de los principios para

---

[112] El cetro, como la llave, tiene relaciones simbólicas con el "eje del mundo"; pero se trata de un punto que no podemos más que señalar aquí de pasada, reservándonos desarrollarle como conviene en otros estudios.

[113] *La Crisis del Mundo moderno*, pp. 63-65 (2ª edic. francesa).

ir a aplicaciones cada vez más alejadas de éstos, y el segundo a una adquisición gradual de este mismo conocimiento que procede de lo inferior a lo superior, o también, si se quiere, de lo exterior a lo interior. Así pues, este segundo punto de vista corresponde a la vía según la cual los hombres pueden ser conducidos al conocimiento, de una manera gradual y proporcionada a sus capacidades intelectuales; y es así como son conducidos primero al "Paraíso terrestre", y después al "Paraíso celeste"; pero este orden de enseñanza o de comunicación de la "ciencia sagrada" es inverso a su orden de constitución jerárquica. En efecto, todo conocimiento que tiene verdaderamente el carácter de "ciencia sagrada", de cualquier orden que sea, no puede ser constituido válidamente más que por aquellos que, ante todo, poseen plenamente el conocimiento principial, y que, por eso mismo, son los únicos calificados para realizar, conformemente a la ortodoxia tradicional más rigurosa, todas las adaptaciones requeridas por las circunstancias de tiempo y de lugar; por eso es por lo que estas adaptaciones, cuando se efectúan regularmente, son necesariamente la obra del sacerdocio, al cual pertenece por definición el conocimiento principial; y por eso es por lo que sólo el sacerdocio puede conferir legítimamente la "iniciación real", por la comunicación de los conocimientos que la constituyen. Con esto uno puede darse cuenta también de que las dos llaves, consideradas como las del conocimiento en el orden "metafísico" y en el orden "físico", pertenecen por igual a la autoridad sacerdotal, y que es sólo por delegación, si puede decirse, como la segunda es confiada a los detentadores del poder real. De hecho, cuando el conocimiento "físico" se separa de su principio transcendente, pierde su principal razón de ser y no tarda en devenir heterodoxo; es entonces cuando aparecen, como lo hemos explicado, las doctrinas "naturalistas", resultado de la adulteración de las "ciencias tradicionales" por los kshatriyas rebeldes; es ya un encaminamiento hacia la "ciencia profana", que será la obra propia de las castas inferiores y el signo de su dominio en el orden intelectual, si es que, en parecido caso, puede hablarse todavía de intelectualidad. Como en el orden político, ahí también la rebelión de los kshatriyas prepara la vía a la de los vaishyas y de los shûdras; y es así como, de etapa en etapa, se llega al más bajo utilitarismo, a la negación de todo conocimiento desinteresado, aunque sea de un rango inferior, y de toda realidad que rebase el dominio sensible; es eso, muy exactamente, lo que podemos constatar en nuestra época, en la cual el mundo occidental ha llegado casi al último grado de este descenso que, como la caída de los cuerpos pesados, va acelerándose sin cesar.

En el texto de *De Monarchia*, queda todavía un punto que no hemos elucidado, y que no es menos digno de observación que todo lo que hemos explicado hasta aquí: es la alusión a la navegación que contiene la última frase, según un simbolismo del que Dante se sirve por lo demás muy frecuentemente[114]. Entre los emblemas que fueron antaño los de Jano, el Papado no sólo ha conservado las llaves, sino también la barca, atribuida igualmente a San Pedro y devenida la figura de la Iglesia[115]: su carácter "romano" exigía esta transmisión de símbolos, sin la cual no habría representado más que un simple hecho geográfico

---

[114] Sobre este punto ver Arturo Reghini, *L'Allegoria esoterica di Dante*, en *Il Nuovo Patto*, Septiembre-Noviembre de 1921, pp. 546-548.

[115] La barca simbólica de Jano era una barca que podía ir en los dos sentidos, ya sea hacia delante, ya sea hacia atrás, lo que corresponde a las dos caras de Jano mismo.

sin alcance real[116]. Aquellos que no vieran en eso más que "tomas en préstamo", y que estuvieran tentados de reprochárselo al catolicismo, mostrarían con eso una mentalidad completamente "profana"; antes al contrario, por nuestra parte no vemos en ello más que una prueba de esta regularidad tradicional sin la cual ninguna doctrina podría ser válida, y que se remonta gradualmente hasta la gran tradición primordial; y estamos seguro de que ninguno de los que comprenden el sentido profundo de estos símbolos podrá contradecirnos. La figura de la navegación se ha empleado frecuentemente en la antigüedad greco-latina: pueden citarse concretamente como ejemplos de ello la expedición de los Argonautas a la conquista del "Toisón de oro"[117], los viajes de

---

[116] Por otra parte, debe observarse bien que, si hay en el Evangelio palabras y hechos que permiten atribuir directamente las llaves y la barca a San Pedro, es porque el Papado, desde su origen, estaba predestinado a ser "romano", en razón de la situación de Roma como capital de occidente.

[117] Dante hace alusión precisamente a él en uno de los pasajes de la *Divina Comedia* que son los más característicos en lo que concierne al empleo de este simbolismo (*Paradiso*, II, 1-18); y no carece de razón que recuerde esta alusión en el último canto del poema (*Paradiso*, XXXIII, 96); la significación hermética del "Toisón de oro" era por lo demás bien conocida en la Edad Media.

Ulises; se encuentra también en Virgilio y en Ovidio. En la India igualmente, esta imagen se encuentra a veces, y hemos tenido ya la ocasión de citar en otra parte una frase que contiene expresiones extrañamente semejantes a las de Dante: "El Yoguî, dice Shankarâchârya, habiendo atravesado el mar de las pasiones, está unido con la tranquilidad y posee el "Sí mismo" en la plenitud"[118]. El "mar de las pasiones" es evidentemente la misma cosa que las "olas de la concupiscencia", y, en los dos textos, se trata igualmente de la "tranquilidad": lo que representa la navegación simbólica, es en efecto la conquista de la "gran paz"[119]. Por otra parte, ésta puede entenderse de dos maneras, según que se refiera al "Paraíso terrestre" o al "Paraíso celeste"; en este último caso, se identifica a la "luz de la gloria" y a

---

[118] Atmâ-Bodha; ver El Hombre y su devenir según el Vêdânta, c. XXIII y El Rey del Mundo, p. 121 edic. francesa.

[119] Esta misma conquista es la que a veces se representa también bajo la figura de una guerra; hemos señalado más atrás el empleo de este simbolismo en la *Bhagavad-Gîtâ*, así como en los Musulmanes, y podemos agregar que se encuentra también un simbolismo del mismo género en las novelas de caballería de la Edad Media.

la "visión beatífica"[120]; en el otro, es la "paz" propiamente dicha, en un sentido más restringido, pero todavía muy diferente del sentido "profano"; y, por otra parte, hay que destacar que Dante aplica el mismo término de "beatitud" a los dos fines del hombre. La barca de San Pedro debe conducir a los hombres al "Paraíso celeste"; pero si el papel del "príncipe romano", es decir, del Emperador, es conducirlos al "Paraíso terrestre", también hay ahí una navegación[121], y por eso es por lo que la "Tierra Santa" de las diversas tradiciones, que no es otra cosa que este "Paraíso terrestre", es representada frecuentemente por una isla: el cometido asignado por Dante "al que rige la tierra", es la realización de la "paz"[122]; el puerto hacia el cual debe dirigir al

---

[120] Es lo que indican muy claramente los diferentes sentidos de la palabra hebrea *Shekinah*; por lo demás, los dos aspectos que mencionamos aquí son los que designan los términos *Gloria* y *Pax* en la fórmula: "*Gloria in excelsis Deo, et in terra Pax hominibus bonae voluntatis*", así como lo hemos explicado en nuestro estudio sobre *El Rey del Mundo*.

[121] Esto se refiere al simbolismo de los dos océanos, el de las "aguas superiores" y el de las "aguas inferiores", que es común a todas las doctrinas tradicionales.

[122] Sobre este punto, se podrá hacer también una aproximación con la enseñanza de santo Tomás de Aquino que hemos citado más

género humano, es la "isla sagrada" que permanece inmutable en medio de la agitación incesante de las olas, y que es la "Montaña de Salvación", el "Santuario de la Paz"[123].

Detendremos aquí la explicación de este simbolismo, cuya comprensión, después de estas aclaraciones, no deberá implicar ya la menor dificultad, en la medida al menos en que esta comprensión es necesaria para la inteligencia de los papeles respectivos del Imperio y del Papado; por lo demás, apenas podríamos decir más sobre todo esto sin entrar en un dominio que no queremos abordar al presente[124]. A nuestro conocimiento este

---

atrás, así como con el texto de Confucio que hemos citado igualmente.

[123] Hemos dicho en otra parte que la "paz" es uno de los atributos fundamentales del "Rey del Mundo", uno de cuyos aspectos refleja el Emperador; un segundo aspecto tiene su correspondencia en el Papa, pero hay un tercero, principio de los otros dos, que no tiene representación visible en esta organización de la "Cristiandad" (sobre estos tres aspectos, ver *El Rey del Mundo*, p. 44, edic. francesa). Por todas las consideraciones que acabamos de exponer, es fácil comprender que, para occidente, Roma es una imagen del verdadero "centro del mundo", de la misteriosa *Salem* de Melquisedec.

[124] Este dominio es el del esoterismo católico de la Edad Media, considerado más especialmente en sus relaciones con el hermetismo; sin los conocimientos de este orden, los poderes del

pasaje del *De Monarchia* es la exposición más clara y más completa, en su voluntaria concisión, de la constitución de la "Cristiandad" y de la manera en que las relaciones de los dos poderes debían considerarse en ella. Alguien se preguntará sin duda por qué una tal concepción ha permanecido como la expresión de un ideal que no debía realizarse jamás; lo que es extraño, es que, en el momento mismo en que Dante la formulaba así, los acontecimientos que se desarrollaban en Europa eran precisamente tales que debían impedir su realización para siempre. Bajo algunos aspectos, toda la obra de Dante es como el testamento de la Edad Media que acababa; muestra lo que habría sido el mundo occidental si no hubiera roto con su

---

Papa y del Emperador, tal como acaban de ser definidos, no podrían tener su realización plenamente efectiva, y son precisamente estos conocimientos los que parecen más completamente perdidos para los modernos. Hemos dejado de lado algunos puntos secundarios, porque no importaban al propósito de este estudio: así, la alusión que hace Dante a las tres virtudes teologales, Fe, Esperanza y Caridad, debería ser aproximada al papel que les atribuye en la *Divina Comedia* (ver *El Esoterismo de Dante*, p. 31 edic. francesa). Por otra parte, también se podría establecer una comparación entre los papeles respectivos de los tres guías de Dante, Virgilio, Beatriz y San Bernardo, y los del poder temporal, de la autoridad espiritual y de su principio común; en lo que concierne a San Bernardo, hay que aproximar esto a lo que indicábamos precedentemente.

tradición; pero, si la desviación moderna pudo producirse, es porque, verdaderamente, este mundo ya no tenía en él tales posibilidades, o porque, al menos, ya no eran más que el patrimonio de una elite muy restringida, que sin duda las ha realizado por su propia cuenta, pero sin que nada haya salido al exterior ni se haya reflejado en la organización social. Se había llegado desde entonces a este momento de la historia en que debía comenzar el periodo más sombrío de la "edad sombría"[125], caracterizado, en todos los órdenes, por el desarrollo de las posibilidades más inferiores; y este desarrollo, que avanza siempre cada vez más en el sentido del cambio y de la multiplicidad, debía desembocar inevitablemente en lo que constatamos hoy día: desde el punto de vista social como desde todo otro punto de vista, la inestabilidad está en cierto modo en su máximo, el desorden y la confusión están por todas partes; ciertamente, la humanidad no ha estado nunca más alejada del "Paraíso terrestre" y de la espiritualidad primordial. ¿Es menester concluir que este alejamiento es definitivo, que ningún poder temporal estable y legítimo regirá ya nunca sobre

---

[125] Ver *La Crisis del Mundo moderno*, c. I.

la tierra, que toda autoridad espiritual desaparecerá de este mundo, y que las tinieblas, extendiéndose desde occidente a oriente, ocultarán para siempre a los hombres la Luz de la verdad? Si tal debiera ser nuestra conclusión, no habríamos escrito estas páginas, como tampoco habríamos escrito, por lo demás, ninguna de nuestras obras, ya que, bajo esta hipótesis, eso habría sido un esfuerzo bien inútil; nos queda decir por qué no pensamos que ello pueda ser así.

CAPITULO IX

LA LEY INMUTABLE

Ya hemos visto que las enseñanzas de todas las doctrinas tradicionales son unánimes en el hecho de afirmar la supremacía de lo espiritual sobre lo temporal y en no considerar como normal y legítima más que una organización social en la que esta supremacía se reconoce y se traduce en las relaciones de los dos poderes correspondientes a estos dos dominios. Por otra parte, la historia muestra claramente que el desconocimiento de este orden jerárquico trae consigo por todas partes y siempre las mismas consecuencias, a saber, desequilibrio social, confusión de las funciones, dominación de elementos cada vez más inferiores, y también degeneración intelectual, olvido de los principios transcendentes primero, y después, de caída en caída, se llega hasta la negación de todo verdadero conocimiento. Por lo demás, es menester destacar bien que la doctrina, que permite prever que tales cosas deben pasar así inevitablemente, no tiene necesidad, en sí misma, de una tal confirmación *a posteriori*; pero, si a pesar de esto creemos deber insistir en ello, es porque, siendo nuestros contemporáneos particularmente sensibles a los hechos en razón de sus tendencias y de sus hábitos mentales, aquí hay con qué incitarles a reflexionar seriamente, y quizás incluso puedan verse llevados a reconocer la verdad de la doctrina. Si esta verdad fuera reconocida, aunque fuera sólo por un pequeño número, sería un resultado de una importancia considerable, ya que no es sino de esta manera como puede comenzar un cambio de orientación que conduzca a una restauración del orden normal; y esta restauración, sean cuales fueren sus medios y sus modalidades, se producirá necesariamente más pronto o más tarde; es sobre este último punto sobre el que nos es menester dar todavía algunas explicaciones.

El poder temporal, hemos dicho, concierne al mundo de la acción y del cambio; ahora bien, puesto que el cambio no tiene en sí mismo su razón suficiente[126], debe recibir su ley de un principio superior, ley que es la única por la cual se integra

---

[126] Se trata propiamente de la definición misma de la contingencia.

en el orden universal; por el contrario, si se pretende independiente de todo principio superior, el cambio no es ya, por eso mismo, más que desorden puro y simple. En el fondo, el desorden es, la misma cosa que el desequilibrio, y, en el dominio humano, se manifiesta por lo que se llama la injusticia, ya que hay identidad entre las nociones de justicia, de orden, de equilibrio y de armonía, o, más precisamente, éstos no son sino aspectos diversos de una sola y misma cosa, considerada de maneras diferentes y múltiples según los dominios en los cuales se aplica[127]. Ahora bien, según la doctrina extremo-oriental, la justicia está hecha de la suma de todas las injusticias, y, en el orden total, todo desorden se compensa por otro desorden; por eso es por lo que la revolución que invirtió a la realeza es a la vez la consecuencia lógica y el castigo, es decir, la compensación, de la

---

[127] Todos estos sentidos, y también el de "ley" están comprendidos en lo que la doctrina hindú designa por el término *dharma*; al cumplimiento por cada ser de la función que conviene a su naturaleza propia, sobre lo cual reposa la distinción de las castas, se lo llama *swadharma*, y se podría hacer una aproximación con lo que Dante, en el texto que hemos citado y comentado en el capítulo precedente, designa como "el ejercicio de la virtud propia". —A propósito de esto, remitimos también a lo que hemos dicho en otra parte sobre la "justicia" considerada como uno de los atributos fundamentales del "Rey del Mundo" y sus relaciones con la "paz".

rebelión anterior de esta misma realeza contra la autoridad espiritual. La ley se niega desde que se niega el principio mismo del cual emana; pero sus negadores no han podido suprimirla realmente, y ella se vuelve contra ellos; es así como el desorden debe entrar finalmente en el orden, al cual nada podría oponerse, sino sólo en apariencia y de una manera completamente ilusoria.

Sin duda se objetará que la revolución, al sustituir el poder de los kshatriyas por el de las castas inferiores, no es más que una agravación del desorden, y, ciertamente, eso es verdad si no se consideran más que los resultados inmediatos de ello; pero es precisamente esta agravación misma la que impide al desorden perpetuarse indefinidamente. Si el poder temporal no perdiera su estabilidad por el hecho mismo de desconocer su subordinación respecto de la autoridad espiritual, no habría ninguna razón para que el desorden cesara, una vez que se hubiera introducido así en la organización social; pero hablar de estabilidad del desorden es una contradicción en los términos, puesto que el desorden no es otra cosa que el cambio reducido a sí mismo, si puede decirse: sería en suma querer encontrar la inmovilidad en el movimiento. Cada vez que el desorden se acentúa, el movimiento se acelera, ya que se da un paso más en el sentido del cambio puro y de la "instantaneidad"; por eso es por lo que, como lo decíamos más atrás, cuanto de orden más inferior son los elementos que le traen, tanto menos duradera es su dominación. Como todo lo que no tiene más que una existencia negativa, el desorden se destruye a sí mismo; es en su exceso mismo donde se puede encontrar el remedio a los casos más desesperados, porque la rapidez creciente del cambio tendrá necesariamente un término; y, ¿no comienzan muchos hoy a sentir más o menos confusamente que las cosas no podrán continuar así indefinidamente? Incluso si en el punto del desorden donde está el mundo, ya no es posible un enderezamiento sin una catástrofe, ¿es ello una razón suficiente para no considerarle a pesar de todo, y, si alguien se negara a ello, no sería eso una forma del olvido de los principios inmutables, que están más allá de todas las vicisitudes de lo "temporal", y que, por consiguiente, ninguna catástrofe podría afectar? Decíamos precedentemente que la humanidad jamás ha estado tan alejada del "Paraíso terrestre" como lo está actualmente; sin embargo, es menester no olvidar que el fin de un ciclo coincide con el comienzo de otro ciclo; remitámonos por lo demás al *Apocalipsis*, y se verá que es en el extremo límite del desorden, que llega hasta la aparente aniquilación del "mundo entero", cuando debe producirse la venida de la "Jerusalén celeste", que será, para un nuevo periodo de la historia de la humanidad, el análogo de lo que fue el "Paraíso terrestre" para el que se terminará en ese momento mismo[128]. La identidad de los caracteres de la época moderna con los que las doctrinas tradicionales indican para la fase final del *Kali-Yuga* permiten pensar, sin demasiada inverosimilitud, que esta eventualidad podría no estar ya muy lejana; y después del oscurecimiento presente, eso sería, ciertamente, el triunfo completo de lo espiritual[129].

---

[128] Sobre las relaciones del "Paraíso terrestre" y de la "Jerusalén celeste", ver *El Esoterismo de Dante*, pp. 91-93 (edic. francesa).

[129] Sería también, según algunas tradiciones de esoterismo occidental, que se vinculaban a la corriente a la cual pertenecía Dante, la verdadera realización del "Sacro Imperio"; y, en efecto, la humanidad habría reencontrado entonces el "Paraíso terrestre", lo que, por lo demás, implicaría la reunión de los dos poderes espiritual y temporal en su principio, estando éste manifestado de nuevo visiblemente como lo estaba en el origen.

Si tales previsiones parecen demasiado aventuradas, como pueden parecerlo en efecto a quien no tiene datos tradicionales suficientes para apoyarlas, al menos pueden recordarse los ejemplos del pasado, que muestran claramente que todo lo que no se apoya más que sobre lo contingente y lo transitorio pasa fatalmente, que siempre el desorden se desvanece y que el orden se restaura finalmente, de suerte que, incluso si el desorden parece triunfar a veces, ese triunfo no podría ser sino pasajero, y tanto más efímero cuanto mayor haya sido el desorden. Más pronto o más tarde, y quizás más pronto de lo que nadie estaría tentado a suponer, será así sin duda en el mundo occidental, donde el desorden, en todos los dominios se lleva actualmente más lejos de lo que jamás se haya llevado nunca en ninguna parte; ahí también, conviene esperar el fin; e, incluso si, como hay algunos motivos para temerlo, este desorden debiera extenderse por un tiempo a la tierra entera, eso tampoco sería como para modificar nuestras conclusiones, ya que no sería más que la confirmación de las precisiones que indicábamos hace un momento en cuanto al fin de un ciclo histórico, y la restauración del orden sólo tendría que operarse, en este caso, en una escala mucho más vasta que en todos los ejemplos conocidos, aunque también sería incomparablemente más profunda y más integral, puesto que llegaría hasta ese retorno al "estado primordial" del cual hablan todas las tradiciones[130].

Por lo demás, cuando uno se coloca, como nosotros lo hemos hecho, bajo el punto de vista de las realidades espirituales, se puede esperar sin turbación y tanto como sea menester, puesto que, como lo hemos dicho, se trata del dominio de lo inmutable y de lo eterno; la prisa febril que es tan característica de nuestra época prueba que, en el fondo, nuestros contemporáneos se quedan siempre en el punto de vista temporal, incluso cuando creen haberle rebasado, y que, a despecho de las pretensiones de algunos a este respecto, apenas saben lo que es la espiritualidad pura. Por otra parte, entre aquellos mismos que se esfuerzan en reaccionar contra el "materialismo" moderno, ¿cuántos hay que sean capaces de concebir esta espiritualidad fuera de toda forma especial, y más

---

[130] Debe entenderse bien que la restauración del "estado primordial" es siempre posible para algunos hombres, pero que no constituyen entonces sino casos de excepción; aquí se trata de esta restauración considerada para la humanidad tomada colectivamente y en su conjunto.

particularmente de una forma religiosa, y de liberar los principios de toda aplicación a circunstancias contingentes? Entre los que se erigen en defensores de la autoridad espiritual, ¿cuántos hay que sospechen lo que puede ser esta autoridad en estado puro, como decíamos más atrás, que se den cuenta verdaderamente de lo que son sus funciones esenciales, y que no se detengan en apariencias exteriores, reduciéndolo todo a simples cuestiones de ritos, cuyas razones profundas permanecen por lo demás totalmente incomprendidas, e incluso de "jurisprudencia", que es una cosa del todo temporal? Entre aquellos que querrían intentar una restauración de la intelectualidad, ¿cuántos hay que no la rebajen al nivel de una simple "filosofía", entendida esta vez en el sentido habitual y "profano" de esta palabra, y que comprendan que, en su esencia y en su realidad profunda, intelectualidad y espiritualidad no son absolutamente más que una única y misma cosa bajo dos nombres diferentes? Entre aquellos que han guardado a pesar de todo algo del espíritu tradicional, y no hablamos más que de esos porque son los únicos cuyo pensamiento puede tener para nos algún valor, ¿cuántos hay que consideren la verdad por sí misma, de una manera enteramente desinteresada, independiente de toda preocupación sentimental, de toda pasión de partido o de escuela, de toda preocupación de dominación o de proselitismo? Entre aquellos que, para escapar al caos social en el cual se debate el mundo occidental, comprenden que es menester, ante todo, denunciar la vanidad de las ilusiones "democráticas" e "igualitarias", ¿cuántos hay que tengan la noción de una verdadera jerarquía, basada esencialmente sobre las diferencias inherentes a la naturaleza propia de los seres humanos y sobre los grados de conocimiento a los cuales éstos han llegado efectivamente? Entre aquellos que se declaran adversarios del "individualismo", ¿cuántos hay que tengan en ellos la consciencia de una realidad transcendente en relación a los individuos? Si formulamos aquí todas estas preguntas, es porque permitirán, a aquellos que quieran reflexionar bien en ellas, encontrar la explicación de la inutilidad de algunos esfuerzos, a pesar de las excelentes intenciones de las cuales están sin duda animados aquellos que los emprenden, y también la de todas las confusiones y de todos los malentendidos que surgen hoy día en las discusiones a las cuales hacíamos alusión en las primeras páginas de este libro.

Sin embargo, mientras subsista una autoridad espiritual regularmente constituida, aunque sea desconocida de casi todo el mundo e incluso de sus propios representantes, aunque esté reducida a no ser más que la sombra de sí misma, esta autoridad tendrá siempre la mejor parte, y esta parte no podría serle arrebatada[131], porque hay en ella algo

---

[131] Pensamos aquí en el relato evangélico bien conocido, en el cual María y Marta pueden considerarse efectivamente como simbolizando respectivamente lo espiritual y lo temporal, en tanto que corresponden a la vida contemplativa y a la vida activa. Según San Agustín (*Contra Faustum*, XX, 52-58), se encuentra el mismo simbolismo en las dos esposas de Jacob: Lia (*laborans*) representa la vida activa, y Raquel (*visum principium*) la vida contemplativa. Además, en la "Justicia" se resumen todas las virtudes de la vida activa, mientras que en la "Paz" se realiza la perfección de la vida contemplativa; y se encuentran aquí los dos atributos fundamentales de Melquisedec, es decir, del principio común de los dos poderes espiritual y temporal, que rigen respectivamente el dominio de la vida contemplativa y el de la vida activa. Por otra parte, para San Agustín igualmente (*Sermo XLIII de Verbis Isaiae*, c. 2), la razón está en la cima de la parte inferior del alma (sentido, memoria y cogitación), y el intelecto en la cima de su parte superior (que conoce las ideas eternas que son las razones inmutables de las cosas); a la primera pertenece la ciencia (de las cosas terrestres y transitorias), a la segunda la Sabiduría (conocimiento de lo absoluto y de lo inmutable); la primera se refiere a la vida activa, la segunda a la vida contemplativa. Esta distinción, equivale a la de las facultades individuales y supraindividuales y a la de los dos órdenes de conocimiento que les corresponden respectivamente; y también se puede aproximar a esto este texto de santo Tomás de Aquino: "Dicendum quod sicut *rationabiliter* procedere attribuitur *naturali*

más elevado que las posibilidades puramente humanas, porque, incluso debilitada o adormecida, ella encarna todavía "la única cosa necesaria", la única que no pasa. *"Patiens quia aeterna"*, se dice a veces de la autoridad espiritual, y muy justamente, no, ciertamente, porque alguna de las formas exteriores que puede revestir sea eterna, ya que toda forma es contingente y transitoria, sino porque, en sí misma, en su verdadera esencia, participa de la eternidad y de la inmutabilidad de los principios; y es por eso por lo que, en todos los conflictos que ponen al poder temporal enfrentado con la autoridad espiritual, se puede estar seguro de que, cualesquiera que puedan ser las apariencias, es siempre ésta quien tendrá la última palabra.

---

philosophiae, quia in ipsa observatur maxime modus rationis, ita *intellectualiter* procedere attribuitur *divinae scientiae*, eo quod in ipsa observatur maxime modus intellectus" (*In Boetium de Trinitate*, q. 6. art. 1, ad. 3). Se ha visto precedentemente que, según Dante, el poder temporal se ejerce según la "filosofía" o la "ciencia" racional, y el poder espiritual según la "Revelación" o la "Sabiduría" suprarracional, lo que corresponde muy exactamente a esta distinción de las dos partes inferior y superior del alma.

Otros libros de René Guénon

En nuestra época hay muchas otras "contraverdades" que es bueno combatir...

Entre todas las doctrinas "neoespiritualistas", el espiritismo es ciertamente la más extendida

Omnia Veritas Ltd presenta:
RENÉ GUÉNON
EL REINO DE LA CANTIDAD Y LOS SIGNOS DE LOS TIEMPOS

« Porque todo lo que existe de alguna manera, incluso el error, necesariamente tiene su razón de ser »

...y el desorden en sí mismo debe encontrar su lugar entre los elementos del orden universal

Omnia Veritas Ltd presenta:
RENÉ GUÉNON
APERCEPCIONES SOBRE LA INICIACIÓN

«A menudo nos concentramos en los errores y confusiones que se hacen sobre la iniciación...»

Somos conscientes del grado de degeneración al que ha llegado el Occidente moderno ...

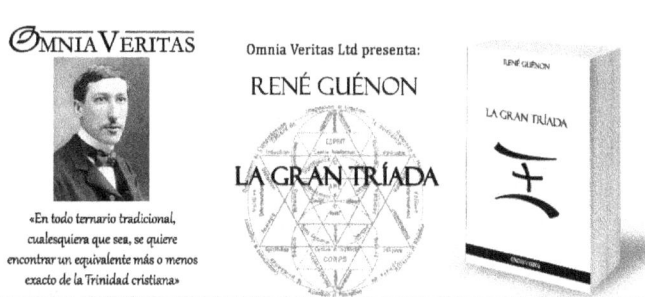

www.ingramcontent.com/pod-product-compliance
Lightning Source LLC
Chambersburg PA
CBHW050818160426
43192CB00010B/1807